**POWERFUL
NETFLIX**

파워풀

넷플릭스 성장의 비결

자유와 책임의 문화 가이드

NETFLIX

패티 맥코드 허란·추가영 옮김

한국경제신문

우리 기업들이 한 번 더 도약하려면 고객이 원할 독창적인 상품과 기술을 지속적으로 만들어 내는 체질이 되어야 할 것이다. 그러나 우리를 여기까지 오게 하는 데 도움이 되었던 임직원의 애사심, 스피드, 일사불란, 실행, 경쟁적 행동 등으로는 더 이상 한계를 넘기 어렵다는 것에 많은 이들이 공감하고 있다. 한계를 돌파하려면 개인들이 가지고 있는 창의력을 해방시켜 일에 몰두하도록 해야 한다. 회사가 목표와 방향을 제시하되 개인의 자유와 책임 하에 전력을 다하여 일하도록 한다는 넷플릭스의 이야기를 읽으며 많은 시사점을 얻었다. 필요한 인재를 그때그때 채용하여 최대한 활용해야 하는 벤처 기업적 상황이 한국 일반 상황과 좀 다르기는 하다. 그럼에도 개인의 자발성과 창의성을 최대한 살려야 한다는 우리 시대의 가장 큰 과제와 씨름하는 리더들에게 이 책이 많은 도움이 되리라 생각한다.

조준호—LG인화원 사장

자기계발의 논리에는 흔히 개인의 성공이 몇 가지 공식에 따라 가능할 것처럼 말하는 신화가 있다. 비슷하게, 기업의 조직문화에 대해서도 어떤 절대적인 정답이 있는 것처럼 이야기하는 환상이 있다. 하지만 기업마다 처한 상황과 환경이 다르기 때문에 하나의 정답만 있다고 할 수는 없으며 더 다양한 실험이 이뤄질 필요가 있다. 넷플릭스의 기업문화 역시 그런 맥락에서 더 큰 의미를 가질 것이다. 성과를 내기 위해 구성원의 자율과 책임을 강조하고, 토론을 통한 문제 해결 과정을 중시하는 문화는 특히 우리 기업들도 적극적으로 고민해봐야 할 점이 아닌가 생각한다. 동료, 협업, 자유, 책임, 목표와 성과, 성장… 기업문화에서 놓치지 말아야 할 중요한 가치들을 이 책을 통해 다시 한번 곱씹어보게 된다. 기업을 경영하는 이, 창업을 준비하는 이에게 권한다.

김봉진—배달의민족 창업자, (주)우아한형제들 대표이사

마법 같은 책이다.

통념에 맞서는 젊은 기업을 통해 영감을 얻을 수 있을 것이다.

리드 헤이스팅스 — 넷플릭스 CEO

넷플릭스의 성공을 만든 문화에 대한 저자의 강렬한 경험이 담겼다. 비즈니스를 성공으로 이끌고 싶다면 필독하라. 극도의 솔직함, 모든 것에 대한 토론, 미래에 대한 끈질긴 집중 등의 '넷플릭스 방법론'으로 21세기 비즈니스 환경에서 승리할 준비를 하게 한다. 독자는 우리가 함께하는 사람들 안에서 '어떻게 최고를 끌어낼 수 있을지'를 알게 되고, 도전하고, 즐기게 될 것이다.

아리아나 허핑턴 — 스라이브글로벌 창업자 겸 CEO

높은 성과를 내는 직업 환경을 조성하는 데 수십 년간 분투해온 전문가의 정수를 모아놨다. 저자는 자신의 경험을 바탕으로 전 구성원이 함께 발전하고 목표를 뛰어넘는 일터를 디자인하는 데 '매우 중요한 가이드'를 우리에게 제공한다. 인재를 발굴하고 훈련하는 데 관심이 있는 사람이라면 이 책에서 강렬한 통찰을 만나게 될 것이다. 탁월함을 추구하는 팀들이 상호 존중, 창의, 공감, 관용의 문화를 창조하는 과정을 읽다 보면, 당신의 조직에 응용할 수 있는 실용적인 로드맵을 발견할 수 있을 것이다.

로런 파월 잡스 — 에머슨콜렉티브 창업자 겸 회장

변화를 받아들이고 위대함을 좇는 조직을 만들고 싶다면 반드시 읽어야 할 책이다. 방법론은 아주 명쾌하다. 리더가 반드시 알아야 하는 것을 설명하면서, 어떻게 실행해야 할지 친절하게 알려준다.

닐 블루먼솔, 데이브 길보아 — 와비파커 공동 창업자 겸 CEO

≈

내가 만난 첫 번째 진정한 리더,
나의 아버지께

≈

한국의 독자들에게

끊임없이 변화하는 시대에 일에 대한 새로운 사고방식을 소개하게 되어 기쁩니다. 이젠 세계가 연결되어 협력하고, 원격으로 일하는 것이 일상이 되었습니다. 즉, 하향식 의사결정과 수직적 위계질서는 더 이상 빠른 변화와 혁신에 적합하지 않다는 의미입니다.

다음과 같은 새로운 기본 개념을 적용해 봅시다.
– 우리는 모두 책임감 있는 어른이다.
– 우리는 모두 우리가 하는 일을 자랑스러워하고 싶어 한다.
– 우리는 지금 다니고 있는 회사와 맡고 있는 프로젝트가

'훌륭한 이력'이 될 것이라고 여긴다.

– 우리는 중요하지 않은 일을 중단하는 것만으로도 매일매일을 혁신할 수 있다.

리더는 회사의 모든 사람에게서 보고 싶은 모습을 스스로 보여줌으로써 멋진 팀과 훌륭한 문화를 만들어야 할 책임을 전적으로 짊어져야 합니다. 한 사람 한 사람이 그들이 하는 일에 대해 책임감과 자부심을 가질 수 있는 '우승팀'을 만들어야 합니다.

자, 이제 한국의 독자들 차례입니다. 혁신하고, 차이를 만들어냅시다.

패티 맥코드

/

일을 하는 새로운 방식,
자유와 책임

/

한참 전, 임원회의에서 있었던 일이다. 넷플릭스가 3분기 연속 30퍼센트 성장률을 달성했다는 소식이 보고됐다. 환호와 함께, 이런 속도면 미국 내 최대 케이블 채널인 HBO를 따라잡는 것도 시간문제라는 기대가 일었다. 그 시점이 언제쯤일지 제품 담당 부문장이 재빨리 계산해봤다.

"어디 보자···. 현재의 성장률을 유지한다면 9개월 후에는 우리가 미국 인터넷 대역폭의 3분의 1을 차지하게 되는군요."

그 자리에 있던 모두가 일제히 외쳤다.

"뭐라고요? 3분의 1이라고요?"

나는 그에게 물었다.

"그 일을 확실히 감당할 만한 사람이 우리 회사 안에 있나
요?"

넷플릭스에서는 누구나 그래야 하듯이, 그는 솔직하게 답
했다.

"모르겠습니다."

넷플릭스 임원으로 14년간 일하면서 이런 상황을 수도 없이
겪었다. 성장 속도가 가팔랐던 만큼 끊임없이 도전에 맞닥뜨렸
고 그 수위도 매번 높아졌다. 때론 우리가 개발한 기술과 서비
스와 관련된 문제였고, 때론 생존을 위협하는 일이었다. 짜인
각본 같은 것은 없었다. 우리는 그저 해내야만 했다. 동영상 스
트리밍이라는 서비스의 특성상 사업과 경쟁 환경이 끊임없이,
믿기 어려울 만큼 빠르게 진화했다.

비즈니스 모델, 서비스 기술, 그리고 이를 실행하는 팀원들
은 변화의 속도에 맞추는 것 이상을 해야 한다. 변화를 예상하
고 대책을 마련하고 전략을 세움으로써 변화에 앞서 준비해야
만 한다. 이를 위해 우리는 모든 새로운 전문 분야에서 뛰어난
인재를 채용하고 팀을 유동적으로 운영해야 했다. 또한 어느
때라도 실수를 인정하고, 계획을 버리고, 새로운 방침을 받아
들일 준비가 돼 있어야 했다. 동시에 끊임없이 거듭나야 했다.

DVD 우편 발송 사업이 번창하던 와중에 스트리밍 사업으로 뛰어들었고, 우리 시스템을 클라우드로 옮기고, 나아가 콘텐츠의 자체 제작에 돌입했다.

이 책은 넷플릭스의 성장 과정을 추억하며 쓴 게 아니다. 사업 환경이 놀라운 속도로 변화하는 오늘날, 높은 성과를 내는 조직문화를 구축하려면 어떻게 해야 하는가를 안내하는 것이 핵심이다. 그 대표적인 사례가 넷플릭스일 뿐이다. 스타트업에서 대기업까지, 그리고 단위가 크든 작든 모든 직급의 리더를 대상으로 쓴 책이다. 모든 리더는 새로운 시장 수요를 예상하고, 놀라운 기회를 포착하며, 새로운 기술을 물고 늘어지는 능력을 갖춰야 한다. 그러지 않으면 경쟁자가 더 빨리 혁신할 것이다.

나는 세계 곳곳의 회사들을 컨설팅하며 다양한 분야에서 폭넓은 도전을 접했다. 그중에는 세계적인 광고대행사 제이월터톰슨 같은 초우량 기업도 있고, 와비파커·허브스팟·하이크 메신저 등과 같이 빠르게 성장하는 신생 기업도 있으며, 이제 막 날기 시작한 스타트업도 있다. 놀라운 점은 규모와 분야를 불문하고 이들 회사가 직면한 근본적인 문제는 매우 유사하고 또 긴급하다는 사실이다. 그들이 알고 싶어 하는 것은 모두 같았다. 어떻게 하면 넷플릭스처럼 마력을 지닌 자신만의 제품을 창조해낼 수 있을까? 좀더 구체적으로, 어떻게 하면 그토록 민첩하고 높은 성과를 내는 조직문화를 만들어낼 수 있을까? 이 책에서 바로 그 얘기를 하고자 한다. 즉, 넷플릭스에서 우리가 얻은 교훈을 활용하고, 넷플릭스의 성공을 떠받쳤던 원칙과 실천사항practice을 당신의 팀과 전체 회사 경영에 적용하는 방법을 얘기한다.

그렇다면 넷플릭스는 잘하기만 했을까? 알다시피, 어떤 기업도 그럴 순 없다. 우리는 수차례 발을 헛디뎠으며 그중 일부는 아마 당신도 알고 있을 것이다. 도전 과제를 획기적으로 풀어나갈 '아하!'의 순간은 그리 많지 않았다. 오히려 점진적으로 적응하며 그 안에서 새로운 방식을 만들어갔다. '새로운 것을 시도하기 → 실수하기 → 처음부터 다시 하기 → 좋은 결과 내기'가 그것이다. 그런 경험이 쌓이면서 넷플릭스는 적응력을 높이고 최고의 성과를 도출하는 독특한 문화를 창조했다. 물론 쉽진 않았다. 하지만 우리는 꾸준히, 끈기를 가지고 한 걸음씩 내디뎠다. 회사가 원하는 핵심 행동 양식을 직원들에게 심어주고, 그런 행동을 실천할 수 있는 자유를 주자(사실상 직원들에게 그런 행동을 실천하도록 요구했다) 놀랍게도 적극적이고 에너지 넘치는 팀이 됐다. 그 팀들이 오늘날의 넷플릭스를 탄생시킨 최고의 원동력이다.

이 책의 내용은 넷플릭스에서 우리가 어떻게 도전을 마주했는가에 대한 이야기다. 우리가 개발한 방법이 어떻게 실행 가능한지를 보여주기 위해서 다양한 사례를 곁들일 것이다. 사례를 읽다 보면, 매번 관습적인 틀에서 벗어나 있다는 사실을 발견하게 될 것이다. 대표적인 것이 '극도의 솔직함'으로, 넷플릭스의 문화를 이루는 하나의 축이다. 텍사스 출신인 나는 직설적으로 말하는 것을 매우 좋아한다. 내가 온라인에 올린 글을 읽어본 사람이라면 알텐데, 이 책에서도 마찬가지다. 어떤 부분에서는 짜증이 나거나 절대 동의할 수 없다고 생각될지도 모른다. 하지만 토론에 참여하는 것처럼 이 책을 읽어주길 바란다. 토론이라는 지적인 대결만큼 얻을 게 많고 재미있는 일도 없다. 넷플릭스에서는 늘 그렇게 한다. 격렬한 토론이 끝나고 결론을 얻으면 모두가 진심으로 고개를 끄덕이게 된다. 당신도 이 책을 읽으면서 그런 재미를 느끼기를 바란다.

사람들에겐 저마다 힘이 있다, 그걸 빼앗지 마라

|

실천사항을 적용하기 위해선 먼저 경영에서 통용되는 지혜를

뒤엎어야 한다.

넷플릭스에서 사업 성공에 대해 얻은 중요한 교훈은 이것이다. 20세기를 지나오는 동안 개발된 정교하고 복잡한 인재관리 시스템은 21세기에 기업들이 직면한 도전에는 적합하지 않다. 최고경영자CEO인 리드 헤이스팅스Reed Hastings와 최고인재책임자CTO, Chief Talent Officer인 나를 포함하여 넷플릭스 경영진은 직원을 관리하기 위해 급진적으로 새로운 방식을 실험하기로 했다. 직원들이 전력을 다할 수 있도록 하는 방식 말이다.

우리는 직원들이 힘차게 도전하길 바랐다. 아이디어와 문제를 소리 내어 말하고, 서로 간에 또는 경영진 앞에서 자유롭게 저항하기를 희망했다. 어떤 직급에 있는 누구라도 중요한 통찰과 걱정거리를 혼자만 끌어안고 있지 않기를 바랐다. 경영진은 이를 모델화했다. 누구라도 우리에게 다가올 수 있게 했고 질문을 독려했다. 개방적이고 격렬한 토론을 강조하고 힘 닿는 한 경영진도 참여했으며, 모든 관리자가 이처럼 하도록 모범을 보였다. 리드는 심지어 경영진끼리 토론하는 무대를 만들기도 했다. 우리는 또한 회사가 당면하고 있는 문제와 이를 어떻게 해결할 수 있을지를 솔직하면서도 끊임없이 소통했다. 빠른 속도로 전진하는 데 필요하다면 계획이나 인력에 가차 없이 변화를 주리라는 것을 모든 직원이 이해하길 바랐다. 나아가 변화의 필요성을 받아들이고 이를 열정적으로 주도하길 기대했다. 이런 노력의 결과로, 우리는 '파괴의 속도가 빠른 이 시대에 가장 성공적인 조직은 어떤 것인가'를 이해하게 됐다. 조직의 모든 사람, 모든 팀이 계획이 언제든 백지화되고 모든 것이 변화할 수 있음을 받아들이게 됐다는 뜻이다. 더 나아가 변화가 대단히 좋다고 여기게 됐다.

그런 회사를 만들기 위해 탁월한 팀워크와 혁신적인 문제 해결력을 가진 문화를 만드는 데 열중했다. 직원들이 도전을 짐으로 여기지 않고, 오히려 도전이 있어서 출근길이 즐겁기를 기대했다. 때로는 머리가 쭈뼛 설 만큼 두렵기도 했다. 어떤 결정들은 완전히 미지의 세계로 뛰어드는 일이었기 때문이다. 하지만 우리는 무서운 일임과 동시에 아주 신나는 일이라고 생각했다.

넷플릭스 문화는 인재관리를 위한 정교하고도 새로운 시스템을 개발하면서 만들어진 것이 아니다. 오히려 우리는 정반대로 했다. 계속해서 정책을 줄이고 절차를 제거해나갔다. 팀을 만들고 사람을 관리하는 방법이 구식이 됐다는 것을 깨달았기 때문이다. 파괴의 속도가 빨라질수록 인재 관리도 민첩하고도 기민한, 고객 중심의 접근법이 필요하다. 이를 알고 있는 기업이 넷플릭스만은 아니겠지만, 대부분 요점에서 벗어나 역효과를 내는 방법을 고수하고 있다.

많은 기업이 '직원 참여engagement'를 강화하고 '권한을 부여 empowerment'하는 식으로 좀더 활기찬 문화를 만들고자 한다. 하지만 하향식 의사결정의 지휘–통제 시스템이라는 기존 방법을 버리지 못한 채 여전히 붙들고 있다. 그러는 사이 잘못된 길로 인도하는 '베스트 프랙티스'가 넘쳐나게 됐다. 말하자면 '최고의 성과를 내는 데 통하는 방법' 같은 것이다. 보너스와 연봉을 연말 고과에 연동하거나, 평생 교육 같은 학습 프로그램을 마련하거나, 저성과자에 대한 성과 향상 프로그램PIP을 제공하는 것 등이다. 동료애를 키우기 위해 각종 축하파티를 열거나 여가 활동을 장려하는 것도 흔한 예다. 이런 방법론이 직원들에게 권한을 부여하고 참여를 끌어내며, 그 결과 직무 만족도와 행복감을 높인다고 알려져 있다.

나 역시 꽤 오랫동안 그렇다고 믿어왔다. 첫 직장이었던 선마이크로시스템스Sun Microsystems 인재관리팀에서부터 이후 볼랜드소프트웨어Borland Software로 옮겨서도 이런 관습적인 베스트 프랙티스를 따랐다. 직원들과 보너스 협상을 했고, 고과 시즌이 되면 팀원들을 충실히 재촉해 평가를 서두르도록 했으며, 성과 향상 프로그램을 통해 관리자들을 코치했다. 선마이크로시스템스에서 다양화 프로그램을 운영하던 때에는 해마다 5월

이면 열리는 싱코데마요 파티Cinco de Mayo party에 10만 달러씩을 지원하기도 했다. 하지만 점점 시간이 지나면서 이런 인사 정책이나 시스템은 막대한 비용과 시간이 들 뿐만 아니라 생산적이지도 않다는 것을 알게 됐다. 심지어 그런 정책들은 인간에 대한 잘못된 가정에 기초하여 만들어졌다는 것을 깨달았다. 예컨대 '직원이 일에 몰두하게 하려면 인센티브를 주어야 하며, 각자가 해야 할 일을 정확하게 알려줘야 한다' 같은 가정들 말이다. 이런 가정들을 토대로 개발된 베스트 프랙티스는 도리어 직원들의 영향력을 빼앗고 의욕을 꺾는다.

'참여'라는 말이 실제로 어떻게 여겨지고 있는지 생각해본 적이 있는가? 회사 일에 많이 참여하는 직원들은 아마도 높은 성과를 낼 것이다. 하지만 너무 자주 직원의 참여 자체가 목표인 것처럼 여겨진다. 고객 응대를 잘하고, 그럼으로써 높은 업무 성과를 내는 일은 뒷전이 된다. 직원들이 어떻게, 그리고 왜 자신의 일에 참여하는지에 관한 기존 통념은 열정이라는 핵심적인 동인을 간과한 것이다. 나는 '권한 부여'라는 말도 탐탁지 않다. 이 아이디어는 의도야 나쁠 건 없지만 그 이면에 너무나 많은 우려가 깔려 있다. 권한을 부여한다면서 속으로는 잘못될까 봐 절절매는 형국이다. 그 때문에 현재 널리 퍼져 있는 인재관리 방식은 직원들의 권한을 빼앗고 있다. 기업들이 직원들의 권한을 없애려고 한 것은 아니었겠지만, 모든 것을 과도하게 처리하면서 직원들을 겁쟁이로 만들었다.

스타트업의 세계로 뛰어든 후 깊이 깨달은 게 있다. 사람들은 저마다 힘을 갖고 있다는 사실이다. 회사의 일은 직원들에게 권한을 부여하는 것이 아니다. 직원들 자신이 힘을 가지고 출근한다는 사실을 상기시키고, 그들이 실제 힘을 행사할 수 있는 상황 조건을 만들어주는 것이다. 한번 그렇게 해보라. 직원들이 얼마나 엄청난 일들을 해내는지를 보고 깜짝 놀라게 될 것이다.

혁신을 관리하듯
인력을 관리하라

|

나는 넷플릭스에서 개발한 대안을 소개하면서 오늘날 경영 전반의 기본 전제들에 도전할 것이다. 직원들의 유대와 행복을 책임지는 구조를 설계하고, 충성심을 높이고, 이직을 예방하고, 성과에 맞춰 진급시키는 등에 관한 전제 말이다. 이 중 어떤 것도 사실이 아니며, 어떤 가정도 경영의 일이 아니다.

나는 이렇게 제안한다. 비즈니스 리더의 임무는 제시간에 놀라운 일을 하는 훌륭한 팀을 만드는 것이다. 그게 전부다. 또한 그것이 경영의 일이다.

넷플릭스에서 우리는 경직된 정책과 절차를 사실상 모두 없앴다. 한 번에 없앤 것은 아니고, 몇 년에 걸쳐 단계적으로 실험했다. 동시에 비즈니스를 혁신하는 접근법으로 우리만의 문화를 만들어갔다. 일부 회사에선 이런 급진적인 변화를 실행에 옮길 수 없을 것이다. 대부분 팀 리더에게는 정책과 절차를 폐지할 권한이 없기 때문이다. 하지만 이 책에서 제안하는 실천 사항을 도입할 권한은 있다. 서서히 스며들어 넷플릭스 문화를 그토록 유연하게 한 핵심적인 행동들 말이다.

정책과 절차를 폐지하고 직원들에게 권한을 준다는 것이 난투극에 가까운 조직문화를 만들자는 건 아니다. 넷플릭스는 관료주의를 벗겨내면서 모든 팀, 모든 직급의 직원들이 핵심적인 일련의 행동들을 훈련받도록 코치했다. 나는 내 사전에서 '정책'과 '절차'란 단어를 없앤 반면, '훈련'이란 단어는 눈에 확 띄게 써두었다. 나는 커리어 전부를 엔지니어들과 함께했는데, 그들은 잘 훈련된 사람들이다. 리더로서 당신이 실행하고자 하는 것에 대해 엔지니어들이 불만을 토로하기 시작한다면, 그들을 성가시게 하는 것은 도려내는 게 현명하다. 아마도 무의미한 관료주의나 멍청한 과정에 대해 그런 문제가 불거질 것이

다. 대신 그들은 훈련에 대해선 아무리 혹독하더라도 불만이
없다.

자유와 책임의
훈련

|

회사 전체든 하나의 팀이든, 문화가 변화하길 바란다면 명심해
야 할 것이 있다. 이는 단순히 일련의 가치를 표방하고 원칙을
수행하는 문제가 아니라는 점이다. 당신이 원하는 행동들이 지
속적으로 실행되는지 확인하고, 실제로 몸에 배게 해야 한다.
우리는 훈련하고자 하는 행동들에 대해 모든 구성원과 충분하
고 지속적으로 소통했다. 경영진과 관리자급부터 시작했다. 직
원 한 명 한 명이 우리의 철학과 우리가 바라는 행동을 이해하
도록 열중했다. 리드가 이를 슬라이드로 만들었으며 나와 경영
지원팀도 함께 작업했다. 당신도 한 번쯤은 읽어봤을지 모르는
데, 그렇게 탄생한 것이 '우리의 자유와 책임의 문화 가이드:
넷플릭스 컬처 데크Netflix Culture Deck' 다.

　리드는 몇 년 전 이를 웹사이트에 게시했다. 그는 미처 몰랐
겠지만, 이후 1,500만 명의 방문자 수(한국 출간 시점 현재 1,800만

명을 넘었다-편집자)를 기록했다. 더 놀라운 건, 대외 홍보용이 아니라 회사 내부용으로 만들어진 문서라는 점이다. 넷플릭스에서는 이를 활용해 신입사원들에게 회사의 문화를 설명하고 그들이 어떻게 행동하기를 원하는지 분명히 밝혔다. 동시에 이는 우리가 직원들에게 바라는 것일뿐만 아니라 그들이 회사에 기대해야 하는 것임을 강조했다. 컬처 데크는 단숨에 쓰인 게 아니다. 리드와 나 둘이서만 작성한 것도 아니다. 넷플릭스 전 직원이 문화를 만들어오면서 얻은 깨달음의 총체다. 고정된 규칙이 아니라 살아 숨 쉬고, 성장하고, 변화하는 행동 기준으로 세계 곳곳의 팀 리더들이 기여했다. 데크를 읽어보는 것은 이 책을 읽는 데 참고가 될 것이다. 내가 이 책을 쓴 이유 가운데 하나도 강연이나 컨설팅을 하는 동안 데크의 개념을 어떻게 실행으로 옮길지에 대한 질문을 많이 받았기 때문이다.

나는 팀 안에서 이런 원칙과 행동들이 스며들게 하기 위해 우리가 배운 교훈들을 압축했다. 넷플릭스에서 실행되고 데크에 설명된 구체적인 실천사항들이 모든 팀이나 회사에 적용되는 것은 아니다. 심지어 넷플릭스에서도 부서마다 차이를 느낄 정도로 다양한 문화가 존재한다. 예를 들어 마케팅 부서는 인재관리 부서와는 여러 면에서 다르게 운영된다. 그럼에도 넷플릭스 문화를 뒷받침하는 일련의 핵심적인 실천사항들이 있다.

우리는 경영진은 물론 모든 관리자가 맨 먼저 다음과 같은 행동을 모델화할 것을 요구했고, 모두가 충실히 이행했다.

- 해야 할 일과 직면한 도전에 대해 개방적이고 명확하고 지속적으로 소통해야 한다. 이는 팀의 관리자를 위한 일일 뿐만 아니라 회사 전체를 위한 것이기도 하다.
- 모든 직원은 극도의 솔직함을 실천해야 한다. 서로 간에는 물론 경영진에게도, 시의적절하게 만나서 진실을 말해야 한다.
- 모든 직원은 사실에 근거한 의견을 바탕으로 대담하게 토론하고, 그 결과를 엄격하게 시험해야 한다.
- 자신이 옳다는 것을 증명하기 위한 시도가 아니라 고객과 회사를 위한 최선이 무엇일까를 기준으로 행동해야 한다.
- 모든 관리자는 모든 지위에 적합한 기술을 가진 고성과자를 채용함으로써 팀의 미래를 준비해야 한다.

이런 요구 사항을 다 따르면서 어떻게 팀을 운영할 수 있나 싶어 한숨부터 나올지도 모르겠다. 내가 이 책을 쓰면서 얘기해본 넷플릭스 직원들조차 한두 가지 실천사항은 실행하기 어려웠다고 솔직히 고백했다. 예를 들어 직접 대면한 자리에서 완전히 솔직한 피드백을 주라는 내용 등이다. 하지만 실천사항을 지켰고, 그 결과 팀원들이 얼마나 빠르게 반응하고 팀의 성과가 극적으로 향상됐는지를 경험했다고도 말했다.

핵심은 점점 강도를 높이면서 진행하는 것이다. 처음에는 작은 일부터 시작해서 점점 쌓아 올려가면 된다. 당신이 속한 그룹과 비즈니스 이슈에 특히 잘 맞을 것 같은 실천사항을 하나 선택하고 거기서부터 시작해라. 예컨대 경영진이라면 가장 적합하고 가장 변화가 필요한 하나의 부서나 그룹에서 먼저 시작해라. 문화를 만드는 것은 점진적인 과정이다. 실험적인 발견을 계속하는 하나의 여정이라고 생각해라. 이는 우리가 넷플릭스에서 문화를 구축하면서 생각한 바이기도 하다. 어느 단계에서 시작해도 상관없다. 문제는 시작하는 것이다. 오늘날 기업 환경의 변화 속도를 볼 때 더 늦출 여유는 없다.

POWERFUL

1장

어른으로 대접하라

성공에 기여하게 하는 것이 가장 강력한 동기 부여다.
회사가 직원들을 어른으로 대할 때, 직원들도 어른으로서 행동한다.
직원들은 자유를 남용하지 않는다.

훌륭한 팀은 모든 팀원이 자신이 어디로 가고 있는지를 알고, 그곳에 가기 위해서 뭐든지 할 때 만들어진다. 인센티브나 절차, 특전으로 만들어지는 것이 아니다.

훌륭한 팀을 구성하기 위해선 재능 있는 사람들을 채용해야 한다. 어른들, 그러니까 자기 일과 씨름하는 것 외에 아무것도 바라지 않는 사람들 말이다. 어른들을 채용했다면, 그다음에는 회사가 직면한 도전이 무엇인지에 대해 그들과 명확하고도 끊임없이 소통해야 한다.

오늘날 유행하는 경영철학은 직원들의 생산성이 높아지길 원한다면 먼저 그들에게 인센티브를 줘서 동기를 부여하고, 그들이 계속 책임감을 유지하도록 어깨너머로 당신이 지켜보고 있음을 상기시키라는 것이다. 이런 철학에 기초해 많은 기업이 부서와 팀, 개인별로 목표를 설정한다. 그리고 연말이 되면 형식적인 인사고과를 통해 목표 대비 성과를 측정한다. 구조와 흐름은 매우 논리적이고 합리적이다. 하지만 각각을 떼어놓고 보면 이 조합은 너무나 억지스럽다.

직원들에게 "만약 당신이 X를 해낸다면 Y로 보상을 받을 것이다"라고 말한다는 것은 매우 정적인 상태를 가정한 것이다. 하지만 오늘날의 비즈니스는 고정돼 있지 않다. 더 원론적으로 말하자면, 금전적 보상이 아무리 크다고 해도 도전에 직면해 성과를 내는 것보다 크지는 않다.

나 역시 목표를 설정하는 것을 매우 좋아한다. 하지만 문제는 목표를 달성하기 위한 경영진의 일반적인 접근 방식이 틀렸다는 것이다. 전형적으로 경영진이 설정한 시간의 틀, 팀을 이끌기 위해 만든 복잡한 구조, 그 과정에 대한 형식적인 모니터링 결과가 목표 달성을 더 어렵게 한다.

훌륭한 팀은
도전을 즐긴다

|

스타트업 컨설팅을 하면서 나는 투자금이 마르고 매우 힘든 도전에 직면한 기업과 일할 때 가장 신이 났다. 어려움을 뛰어넘을 때야말로 진짜 훌륭한 팀이 만들어지기 때문이다. 좋은 팀은 상황이 어려울 때 나온다. 깊이 파고들수록 탁월한 팀이 만들어지는 것이다.

나는 직원을 채용할 때 문제 해결에 매우 흥미를 느끼는 사람들을 찾는다. 일테면 아침에 이렇게 생각하면서 깨어나길 바라는 사람이다. '오 하나님, 이 문제는 너무나 어려워요. 하지만 꼭 해결하고 싶어요.' 돌파해야 할 굉장한 문제가 주어져 있고, 그것을 함께 풀어나갈 적합한 동료가 있다는 것이 무엇보다 강력한 인센티브다.

내가 자주 외는 주문 중 하나는 이것이다. '문제를 찾는 사람은 흔하다!' 사람들은 대개 문제를 발견하는 것이 회사에서 매우 중요한 역할을 하는 거라고 생각한다. '내가 그 문제를 찾은 사람이야.' 그래, 좋다. 그런데 당신이 그걸 해결했나? 당신은 틀림없이 문제 해결을 사랑하는 직원을 필요로 할 것이다.

와비파커Warby Parker 공동 창업자인 닐 블루먼솔Neil Blumenthal과 데이브 길보아Dave Gilboa는 내게 이렇게 말했다.

"요즘 회사 일이 특히 즐거워요. 오프라인 매장을 열면서 일이 매우 복잡해졌거든요."

그들은 온라인과 오프라인 서비스를 통합하는 중이었다. 당연하게도, 매우 어려운 도전이었다. 브랜드가 매우 성공적이란 것엔 이견이 없다. 같은 상황에 처했다고 할 때 이미 달성한 성장을 누리는 쪽을 선택하는 사람도 있을 것이다. 하지만 그들은 더 어려운 문제를 마주하는 것에서 전율을 느꼈다.

매우 성공한 사람을 만날 기회가 있거든, 자신의 커리어에서 가장 행복했던 때가 언제였는지 물어보라. 아마도 다들 사업 초기에 고군분투했던 기억이나 매우 애를 먹었던 도전들을 이야기할 것이다. 이와 관련해서 톰 윌러러Tom Willerer 전 넷플릭스 제품혁신 부문 부사장과 멋진 대화를 나눈 적이 있다. 그는 세계 최대의 온라인 공개 강좌 플랫폼인 코세라Coursera에 최고제품책임자CPO로 이직했다. 회사 설립 초기 어떤 일이 가장 좋았냐고 물었더니, 그는 자신의 팀이 불가능해 보이던 일을 해낸 이야기를 시작하면서 눈을 반짝였다.

회계연도를 시작하면서 경영진은 그해가 끝날 때까지 매출을 두 배로 늘리기로 했다. CPO인 톰과 그의 팀은 9월까지 50개의 새로운 강좌를 선보임으로써 목표를 달성하기로 했다. 그는 이걸 '마지막 시도'라고 불렀다. 그들은 새로운 코스를 내놓기 2주 전까지도 목표를 맞출 수 있으리라고 확신하지 못했다. 하지만 그들은 해냈고, 전략은 멋지게 효과로 나타났다. 회사 수익이 거의 수직으로 상승한 것이다.

톰은 입사 당시에는 회사가 5년 이상 존재할지조차 확신하지 못했다고 털어놓았다. "하지만 높이 오르고 싶다는 열망이 있어서 지원했죠. 코스를 개발할 때 가끔은 '이러다 팔이 마비되는 건 아닌가 몰라' 하는 생각이 들기도 했어요. 하지만 내가 중요한 일을 하고 있고, 세상에 뭔가를 더하고 있기 때문에 이 일은 가치가 있다고 믿어요. 이것이 사람들을 움직이죠."

동의할 수밖에 없는 말이다. 대부분의 사람이 자기 일에서 이런 기분을 열렬히 느끼고 싶어 한다.

내가 넷플릭스에 합류한 이유도 마찬가지였다. 직원들에게 그런 기회를 제공할 수 있는 기업을 설립하는 데 도움이 될 수 있으리라는 생각이 나를 움직였다. 다시는 스타트업으로 가지 않겠다고 마음먹은 참이었는데도 말이다.

1997년 어느 날 새벽 2시. 전화벨이 울렸다. 틀림없이 리드 헤이스팅스일 거라고 생각했다. 그 말고는 누구도 그 시간에 전화를 한 적이 없기 때문이다. 아니나 다를까, 그가 맞았다. 그가 대뜸 물었다.

"자고 있었어요?"

"당연히 자고 있었죠. 당신은 몰라도 나는 지극히 평범한 사람이잖아요! 그런데 무슨 일이에요?"

리드는 좋은 아이디어가 떠오를 때면 좀처럼 자려고 하지 않는 사람이다. 그의 첫 번째 스타트업인 퓨어소프트웨어Pure Software에서 함께 일할 때도 우리는 밤늦도록 수많은 아이디어를 나눴다. 퓨어를 매각하고 난 뒤 그는 학교로 돌아갔고, 나는 컨설팅을 시작했다. 우리는 가까이 살았고, 계속 연락하고 지냈다.

그는 넷플릭스 창업에 합류할 거라고 했다. 내가 말했다.

"좋은 커리어를 택한 것 같군요. 근데 이 새벽에 나한테 얘기하는 이유가 뭐예요?"

그러자 그는 내게 함께할 생각이 있는지를 물었다. 나는 "그럴 일은 없어요"라고 딱 잘라 말했다. 나는 퓨어에서 멋진 시간을 보냈다. 하지만 기복이 심하고 정신을 빼놓는 시간이었다. 게다가 우편으로 DVD를 빌려주는 작은 회사가 어떻게 성공할 수 있을지 확신도 없었다. 훗날 넷플릭스가 거대 DVD 대여 업체인 블록버스터Blockbuster를 망하게 할 줄 누가 알았겠나. 그런데 리드가 다시 물었다.

"우리 둘 다 정말 일하고 싶었던 회사를 만든다면 멋지지 않겠어요?"

그 순간 강한 흥미가 일었다. 내가 퓨어에 들어갔을 땐 이미 비즈니스 모델이 구축된 뒤였다. 그런데 이번엔 아예 새로운 모델을 만들어볼 기회라는 것이다. 갑자기 확 끌렸다.

"우리가 만든다고 해서 그게 훌륭할지 어떨지 어떻게 알죠?"

리드는 당연하다는 듯 말했다.

"아, 그거야 매일 출근해서 이 사람들과 함께 문제를 해결하고 싶을 테니까."

사람들이 일에서 원하는 것을 리드가 정확히 표현했다고 생각한다. 출근을 해서, 자신이 믿고 존경하는 동료들로 이뤄진 제대로 된 팀과 함께, 미친 듯이 집중해 멋진 일을 해내는 것 말이다. 난 그런 정신을 사랑한다.

정책과 구조는 니즈와 기회를
예측하지 못한다

|

지난 10년 동안 가장 성공한 기업들을 살펴보면, 매우 협력적이고 유기적으로 일하는 팀을 꾸려서 일하는 인터넷 기업이 다수를 차지한다. 그들은 목표 설정, 시간·자원 배분 방식, 당면 과제와 그 문제를 풀기 위한 접근법을 끊임없이 비즈니스와 소비자의 니즈에 맞춘다. 그들은 성장하고 변화하는 유기적 조직이다. 목표나 채용 또는 예산과 관련해 미리 정해놓은 지침에 얽매이는, 융통성 없는 구조가 아니다.

나는 퓨어소프트웨어에서 일하면서 처음 스타트업 세계에 발을 디뎠다. 마치 천국에 온 것 같은 기분이었다. 강렬한 에너지를 사랑했고, 혁신적인 일에 열정적으로 집중하는 것이 좋았다. 최고인재책임자로서 나 역시 각종 정책과 절차를 도입하긴 했지만, 시간이 갈수록 이런 '전통적인 지혜'에 의문이 들었다. 전에 다니던 곳보다 훨씬 작은 회사였기 때문에 사업의 핵심 내용을 알아가기가 수월했고, 직원들에 대해서도 더 잘 알 수 있었다. 특히 소프트웨어 엔지니어들에 익숙해졌고, 그들이 어떻게 일하는지 관찰하면서 사람이 많을수록 더 좋은 것을 만들 수 있다는 생각은 착각임을 깨닫게 됐다. 퓨어에서뿐만 아니라 실리콘밸리 곳곳에서 나는 '작지만 방해가 되는 사람이 없는 팀'이 얼마나 파워풀한지를 확인했다.

비즈니스를 성장시키는 전형적인 접근 방식은 사람과 구조를 추가하고, 더 경직된 예산 목표를 세워 제한을 두는 것이다. 하지만 성공적으로 규모를 키운 '고속 성장 기업'에서의 내 경험에 따르면 최대한 군더더기 없는 과정과 강력한 규율 문화가 훨씬 더 우월했다.

이를 우리는 나중에 가서야 뼈저리게 깨달았다. 넷플릭스에서 매우 고통스러운 대량 해고를 겪은 후에 말이다. 2001년 우리는 회사 직원의 3분의 1을 내보내야 했다. 닷컴 버블이 꺼지면서 국가 경제가 파탄에 이르렀고, 우리 역시 파산 직전까지 몰렸다. 몹시 잔혹한 시기였다. 그러다가 크리스마스를 맞아 DVD 기기 가격이 내려갔다. 덕분에 사업이 되살아났다. 당시 우리는 기존의 3분의 2밖에 안 되는 직원으로 두 배의 일을 해야 했다. DVD를 봉투에 넣는 인력을 제외하곤 직원을 더 채용할 수 없었다. 너무 많은 신규 소비자가 생겨서 재고가 충분치 않았고, 그래서 1센트의 이익이라도 나면 DVD를 사는 데 써야 했기 때문이다.

어느 날 리드와 카풀을 해서 출근하는 길에 내가 말했다.

"이게 왜 이렇게 재미있죠? 일하러 가는 게 이렇게 기다려질 수가 없어. 밤에 집에 가기가 싫을 정도라니깐요. 일을 너무 열심히 하고 있는데 그게 너무 좋은 거예요. 이 일이 뭐라고 이렇지?"

그도 "같이 알아내 봅시다"라며 웃었다.

우리의 첫 번째 큰 깨달음은 남아 있는 사람들이 최고의 성과를 내는 직원들이었다는 점이다. 즉, 회사가 직원에게 해줄 수 있는 가장 좋은 지원은 오직 고성과자들만 채용해서 그들이 함께 일하도록 하는 것이란 걸 깨닫게 됐다. 이것이 사무실에 푸스볼(테이블 풋볼)을 들여놓거나, 공짜 초밥을 제공하거나, 엄청난 보너스 또는 스톡옵션을 안기는 것보다 훨씬 더 나은 특전이다. 능력이 탁월한 동료, 명확한 목표, 제품에 대한 충분한 이해 이 세 가지는 무엇보다 강력한 조합이다.

마침내 내가
이해한 사실들

|

리드와 나를 포함한 경영진은 넷플릭스가 빠르게 성장하는 동안 우리의 팀들이 보여준 창의성과 놀라운 수준의 성과를 어떻게 유지할지를 찾아내기로 했다. 하루라도 빨리 채용을 늘려야 했는데, 우리는 회사에 늘 인재들이 가득 차길 바랐다. 지난 침체기를 통과하면서 회사에 고성과자의 비중이 높아졌다는 사실이 저절로 드러났다. 우리는 직원들이 최고의 성과를 낼 수 있도록 자유롭게 두되, 팀이 궤도를 이탈하지 않도록 적당한 지시와 피드백을 제공하는 방안을 체계화했다. 물론 필요하다면 궤도를 극적으로 바꾸기도 했다.

나는 높은 성과를 내는 혁신의 동력이 무엇인지 훨씬 더 깊이 이해하게 됐다. 난생처음 경영진이 되어 제품을 개발하는 일에 직접 관여하게 됐다. 이것은 퓨어에서처럼 높은 수준의 기술이 필요하거나 복잡한 소프트웨어를 만드는 일도 아니었다. 넷플릭스는 엔터테인먼트 회사였고 나는 열렬한 영화광이었다. 나는 엔지니어들에게 보통 사람들이 어떤지를 보여줬다. 나 역시 소비자로서 그들이 제품을 개발하는 과정에 매료됐다. 우리는 제품 개발 과정에서 A/B(분할·실행) 테스트를 자주 했다. 그런 다음 무엇이 제품에 적합한지에 대해 열린 토론을 벌였으며, 무언가가 제대로 작동하지 않으면 그 과정은 제거했다. 나는 이 같은 원칙을 인재관리에도 적용할 수 있다는 사실을 깨달았다.

나는 규모가 큰 팀에서 혁신의 동력이 약해지거나 기민하게 움직이는 능력이 망가지는 이유를 부분적으로 이해하게 됐다. 팀이 커지면 팀을 관리하는 것 자체가 힘든 일이 된다. 그래서 기업들은 직원들이 제대로 일하는지 확인하기 위해 인프라를 구축한다. 하지만 내가 본, 굉장한 일을 해내는 팀들은 자신들이 달성해야 하는 것이 무엇인지 누구보다 잘 아는 사람들로 구성되어 있었다. 그들은 정교한 절차나 인센티브를 필요로 하지 않았다.

대부분의 첨단 과학기술 전문가들은 '탁월한 엔지니어들로 구성된 작은 팀'이 '열심히 일하는 엔지니어들로 이뤄진 대규모 팀'보다 일을 더 잘하리라고 본다. 그래서 나는 생각하기 시작했다. 그게 꼭 엔지니어들에게만 해당할까? 그들이 너무 특별하고 똑똑해서? 그때 나는 엔지니어를 사랑하긴 했지만, 그들이 특별하고 똑똑한 사람으로서 남다른 관심과 대우를 받는 것에 상당히 지쳐 있었다. 나는 그들이 (그들에게) 자유가 주어지는 것을 가장 선호한다고 느꼈다. 자신들이 생각하기에 가능한 한 가장 짧은 시간에 가장 좋은 결과를 만들어내는 방법으로 프로젝트와 씨름할 수 있는 자유 말이다. 나는 궁금했다. 만약 마케팅과 재무, 그리고 내가 속해 있는 인재관리 부서의 팀원들이 전권을 사용할 수 있게 된다면? 그들은 높은 성과를 내는 엔지니어팀처럼 일할 것이다. 돌이켜보면 이것이 내가 전통적인 인재관리를 뒤로하고, 기업문화와 인사를 총괄하는 최고운영책임자coo 역할을 맡은 이유였다.

나는 조직 구조와 설계를 자세히 살피기 시작했다. 그 시점에 부서들을 만들면서 리드와 나는 부서 관리를 최대한 단순화하자는 데 뜻을 같이했다. 그만큼 업무 속도를 낼 수 있기 때문이다. 대량 해고 당시 많은 중간급 관리자를 내보낸 후 층층시하의 의견 수렴과 승인 절차가 없어진 결과 모든 사람이 훨씬 더 빨리 움직이게 됐다는 걸 경험하지 않았는가. 정책과 절차가 하나씩 줄어들수록 직원들은 더 빨리 움직이고, 더 많은 것을 해낼 수 있을 것이다. 우리는 진리라고 여겨지는 뻔한 말들과 베스트 프랙티스로 신봉되는 사항들을 하나하나 검토했다. 간단한 일은 아니었다. 리드가 어떤 정책이나 절차를 없애자고 제안할 때면, 마치 정신 나간 소리처럼 들리기도 했다. '정말 그래도 될까?' 하는 의구심에 나는 하룻밤 묵혀놓고 생각을 해봐야 했다. 하지만 계속해서 여러 가지를 시도하면서 우리는 지속적으로 좋은 결과를 얻었다.

대표적인 것이 언론의 관심을 많이 받은 '휴가 정책이 없는 정책no-vacation-policy policy'이다. 우리는 회사 차원의 휴가 정책을 없앴고, 대신 직원들에게 자신이 적절하다고 생각하는 만큼 시간을 가져도 좋다고 말했다. 그저 직속 상사와 상의하면 된다. 그 결과 무슨 일이 일어났는지 아는가? 직원들은 여름에 1~2주일 휴가를 가고, 자녀들의 운동 경기를 보기 위해 이따금 하루를 쉬었다. 예전과 다를 바 없었다. 나는 이것이야말로 진정한 권한 부여라고 생각한다. 직원들이 각자의 시간에 책임을 질 거라고 믿어주는 것 말이다.

나는 각종 관습을 내다 버리는 것을 좋아한다. 하루는 직원들 앞에서 이렇게 말했다.

"회사의 경비 정책을 없애려고 합니다. 출장 정책도 없앨 겁니다. 회사의 돈을 어떻게 쓰는 것이 좋을지 여러분 스스로 판단하길 원합니다. 회사 자문 변호사들은 경영진에게 이 결정이 재앙으로 돌아올 수도 있다고 경고했는데요. 실제 재앙으로 드러나면 예전 방식으로 돌아가면 됩니다."

이 결정을 통해서도 직원들이 자유를 남용하지 않는다는 사실을 다시 한번 알게 됐다. 회사가 직원들을 어른으로 대할 때, 직원들도 어른으로서 행동한다.

나는 채용을 둘러싼 관습에도 도전했다. 미친 듯이 성장하는 회사와 빠르게 변하는 비즈니스의 본질(스트리밍 서비스가 회사의 핵심 사업이 되어가고 있었다)에 따라 진짜 강력한 인재풀을 갖춰야 한다고 생각했다. 관리자를 고용하면서 경험한 바로는 후보자들마다 선호하는 헤드헌터가 따로 있었고, 각자 그들과 일했다.

이걸 바꿔야 한다고 생각했다. 우리는 더 전략적일 필요가 있었다. 나는 실리콘밸리에서 넷플릭스만을 위해 일할 최고의 헤드헌터 기업 다섯 군데를 고를 수도 있었다. 하지만 전통적인 채용 관행을 버리기로 했다. 회사 안에 리쿠르팅을 직접 담당하는 헤드헌팅 회사를 만들기로 한 것이다. 외주를 주던 일을 직접 하는 만큼, 회사 내부 역량을 갖추기 위해서 헤드헌팅 기업에서 일하던 사람들을 뽑았다. 충분한 역량을 갖춘 후 나는 관리자들에게 당당히 말했다.

"만약 당신이 두어 명의 직원을 잃는다고 해도 괜찮습니다. 당신을 위해 회사가 훌륭한 새 직원을 빠르게 구할 수 있으니까요."

회사 전체와 팀의 전략을 짤 때 관행적으로 해오던 방식에도 이의를 제기했다. 우리는 1년 단위로 로드맵을 만들고, 연간 예산을 짰다. 하지만 그 과정에서 너무 많은 시간이 소요됐고, 노력한 만큼 가치가 있지도 않았다. 왜냐하면, 예측이 항상 틀렸기 때문이다. 넷플릭스의 성장 속도는 업계를 놀라게 했지만, 우리 자신도 그들 못지않게 놀랐다. 진짜로, 우리는 어떻게든 예측해보려고 했다. 하지만 우리의 예측이 무엇이든 간에 3개월 아니면 6개월 안에 그것이 어긋나리라는 것을 알고 있었다. 결국 우리는 연간 계획을 세우지 않기로 했다.

그 덕에 절약한 시간만큼 분기별 계획을 세우는 데 더 많은 시간을 쓸 수 있게 됐다. 분기별 계획이 수립되면 3개 분기의 예산을 짰다. 그 정도가 우리가 표면상 예측할 수 있는 기간으로 봤기 때문이다.

우리는 팀이 불필요한 규칙과 승인에 얽매이지 않게 하는 모든 방법을 실험했다. 무엇이 실제로 통하는지, 어떻게 하면 직원들이 더 창의적이고 생산적으로 일할 수 있는지, 어떻게 하면 그들을 더 자유롭게 하고 행복하게 할 수 있는지를 체계적으로 분석했다. 우리는 이 새로운 방식을 '자유와 책임의 문화'라고 불렀다. 이것을 개발하기까지 몇 년이 걸렸으며, 오늘날까지도 진화가 계속되고 있다. 앞으로 각각의 요소를 이야기할 텐데, 각각의 요소들은 경영의 가장 중요한 역할은 오로지 훌륭한 팀을 만드는 것이란 깨달음을 토대로 만들어졌다. 당신이 리더라면 필요한 인재를 채용하고, 그들에게 필요한 도구와 정보를 제공하라. 그러면 그들은 기꺼이 '빛나는 일'을 해낼 것이다. 게다가 당신에겐 유연성을 유지하라는 것 외에 어떤 것도 바라지 않을 것이다.

넷플릭스에서 콘텐츠 자체 제작 사업을 확대한 속도가 이 접근법의 힘을 입증해준다. 우리 콘텐츠는 대중적으로도, 평단에서도 성공을 거뒀다. 넷플릭스 초창기부터 최고콘텐츠책임자 CCO로 일해온 테드 사란도스Ted Sarandos는 고성과자를 각종 제약으로부터 풀어준 것이 콘텐츠 제작 사업을 매우 빠르게 정착시키는 데 필수적이었다고 말했다. 그 팀은 매년 새로운 콘텐츠 생산량을 두 배씩 늘렸다. 우리가 대화를 나누던 당시만 해도 드라마 30개, 장편 영화 12개, 다큐멘터리 55개, 스탠드업 코미디 쇼 51개, 어린이 쇼 45개를 만들고 있었다. 게다가 그들은 막 해외로 눈을 돌려 한꺼번에 13개국에 진출했다. 그 많은 콘텐츠를 만들어낸 속도도 속도지만, 종류가 그렇게 다양하다는 사실이 진짜 놀라웠다. 테드의 그룹은 〈더 크라운The Crown〉과 같은 고상한 드라마 시리즈부터 대중에게 널리 사랑받았지만 비평가들의 인정을 받긴 어려운 〈풀러 하우스Fuller House〉까지 전 장르를 아우르는 콘텐츠를 제공함으로써 모든 계층의 취향을 만족시켰다. 테드 팀은 6개국에서 온 경쟁자들이 각자 자신의 모국어를 사용하면서 벌이는 리얼리티 쇼 〈얼티메이트 비스트마스터(Ultimate Beastmaster) 같은 대본 없는 시리즈물 경쟁에까지 뛰어들었다.

테드가 밝힌 그 접근법의 핵심은 실행력을 갖춘 가장 창의적인 인재를 찾는 일에 집중한 것이다. 그러고 나서 창작자들에게 자신들의 비전을 실현할 수 있는 자유를 줬다. 이것이 넷플릭스와 할리우드 스튜디오의 가장 큰 차이점이었다. 그의 팀은 최고의 창의적 인재들을 놓고 할리우드와 매우 효과적으로 경쟁했고, 획기적인 쇼들을 내놨다. 창작자들은 테드의 팀을 좋아했다. 이것저것 메모를 퍼부으면서 생산 과정에 대해 세세한 것까지 관리하려는 사람이 없었기 때문이다. 테드는 전통적인 파일럿(정규 편성을 결정하기 위해 시험 제작·방송하는 프로그램-옮긴이) 방식도 도입하지 않았다. 허가를 준 창작자들에게 맡겨 그들이 시즌 전체를 자율적으로 제작하도록 했다. 그리고 제작 능력을 증명한 사람들에게 자신감을 심어줬다. 창작자들에게 주어진 자유는 쇼의 품질을 책임지는 사람이 자신들이라는 사실을 깨닫게 했다. 그들은 위기를 잘 헤쳐나갔다. 반면, 위원회를 통해 제작하는 전통적인 할리우드 방식은 책임이 너무 넓게 퍼져 있다.

테드는 넷플릭스 문화에 흠뻑 젖어든 덕분에 팀의 제약을 없애고, 자유를 부여하는 일을 편안하게 수행할 수 있었다고 말했다. 제약을 없앤 한 가지 예를 들자면, 그 팀은 겨우 세 번째 오리지널 시리즈를 만들면서 스스로 만든 틀을 깨부쉈다. 원래 이 팀에서는 파일럿 테스트를 거치지 않기 때문에 매우 잘 짜인 각본과 캐스팅을 이미 마친 시리즈만 가져오기로 정했다. 그런데 CBS 채널에서 〈위즈Weeds〉 시리즈를 맡았던 젠지 코한 Jenji Kohan이 〈오렌지 이즈 더 뉴 블랙Orange Is the New Black〉을 제작하자고 제안해왔다. 각본은 한 줄도 나와 있지 않은 상태였지만, 테드 팀은 그녀의 쇼에 대한 비전을 듣고 매우 감동했다. 그리고 그녀가 〈위즈〉를 통해 거둔 성공을 바탕으로 어느 정도 자신감도 가질 수 있었다. 그들은 재빠르게 자신들의 규정을 폐기했다.

▲　▲　▲

한번 생각해보자. 만약 당신이 제품을 관리하는 방식으로 인재를 관리한다면 전체 시스템에도 달리 접근하고 싶지 않을까? 만약 당신이 널리 알려진 베스트 프랙티스가 아니라 기가 막히게 멋진 제품을 고객에게 가져다주겠다는 생각에서 출발한다면 어떤 시스템을 고안하겠는가? 당신의 직원들이 좀더 기민하게 움직이기를 바라지 않을까? 또한 직원들이 주도적으로 변화에 앞서나갈 수 있다고 믿고 싶지 않을까? 당신이 목적지에 도착하는 데 그들의 도움이 필요하다는 사실을 알고 있다면 말이다. 직원들이 일을 하는 데 필요한 자원과 정보를 갖고 있는지 확인하고, 그들과 함께 회사가 직면한 도전에 대해 토론하고, 그들로부터 최고의 조언을 얻는 데 당신의 시간과 관심을 쏟아부어야 하지 않을까? 각종 양식을 만들고 승인 절차를 추가하면서 직원들을 감시하는 대신 말이다.

팀에 방향 설정과 코칭이 필요 없다고 말하는 것은 결코 아니다. 그것들도 필요하다. 문제는 회사가 직원들에게 방향과 피드백을 제공하는 방식이 보통 최적의 것과는 거리가 멀다는 점이다. 반대로, 넷플릭스에서는 절차를 제거하는 실험을 했다. 또 회사가 어디로 향하고 있는지, 어떤 목표를 추진해야 하는지, 직원들은 어떤 성과를 내고 있는지를 소통하기 위해 더 좋은 방법을 찾아내고자 실험을 거듭했다.

이 장의 핵심

▶ 모든 팀원이 궁극적인 목표를 이해하고 창의적으로 문제를 해결함으로써 성과를 달성하는 팀이 가장 위대한 팀이다.

▶ 가장 강력한 동기는 함께 일할 좋은 팀원들이 있다는 데서 나온다. 멋진 일을 하면서 서로에게 도전이 되고 서로를 믿을 수 있는 사람들 말이다.

▶ 관리자의 가장 중요한 임무는 모든 팀원이 탁월하게 일하고 서로에게 도전 정신을 불러일으키는 고성과자인지를 확인하는 것이다.

▶ 당신은 가능한 한 가장 군더더기 없는 정책과 절차, 규정으로 조직을 운영해야 한다. 위에서 결정해 아래로 내려보내는 방식은 대개 속도와 기민함을 떨어뜨린다.

▶ 지속적인 실험을 통해 당신이 최대한 군더더기 없이 운영할 수 있는 방안을 찾아라. 정책이나 과정이 필요한 것으로 드러나면 그때 되돌려 놓으면 된다. 제품과 서비스를 끊임없이 개선하는 것과 마찬가지로 조직문화도 꾸준히 다듬어야 한다.

리더에게 필요한 질문

- 전사적인 정책과 절차를 검토하라. 이 정책과 절차의 목적은 무엇인가, 그리고 의도한 결과를 가져왔는가?

- 제거할 수 있는 승인 절차가 있는가?

- 문제 해결과 팀 구축에 자신의 시간 중 몇 퍼센트를 쓰는가?

- 직원들에게 제공하는 인센티브와 특전의 비용—편익 분석을 해본 적이 있는가?

- 비용 패턴을 분석한 후 정확성과 예측 가능성에 초점을 맞춰 승인과 허가 절차를 바꿀 수 있는가?

- 의사결정 시스템이 명확하고, 의사소통이 광범위하게 이뤄지고 있는가?

POWERFUL

도전에 대해
끊임없이 소통하라

모든 구성원이 비즈니스를 이해해야 한다.
직원들이 자신의 일과 임무를 제대로 이해하지 못했다면,
관리자는 그들을 탓할 것이 아니라
맥락을 제대로 제공했는지 돌아봐야 한다.

가능한 한 많은 절차와 승인 과정을 없애라고 충고할 때면, 어 김없이 '어떻게?' 라는 질문이 돌아온다. 어떻게 가능할까? 규 칙이나 과정, 승인, 관료주의, 허가 따위를 무엇으로 대신할 수 있을까? 답은 하나다. 당면 과제에 대해 직원들과 명확하게 그 리고 끊임없이 대화하는 것이다. 직원들에게 회사가 정확히 어 디에 있으며, 성취하려는 것이 무엇인지를 얘기해라. 관리자들 은 당면 과제와 비즈니스가 직면한 도전을 분명히 하고, 이를 직원들에게 자세히 설명하고 소통하는 데 더 많은 시간을 들여 야 한다. 경쟁이 심한 사업일수록 사내 정책, 승인 절차, 인센 티브 의 중요성이 떨어진다.

비록 당신이 사내 정책, 절차, 보너스, 형식적인 인사고과 등 을 폐지할 자유가 없더라도 사업상 도전이 무엇이고 직원들이 이를 어떻게 마주해야 할지에 대해 좀더 명확하고 솔직하게 설 명할 수는 있을 것이다. 그러면 목표를 좀더 유연하게 조정할 수 있을 뿐만 아니라 보다 적기에 성과를 낼 수 있다. 또한 직원 들이 질문하고 아이디어를 공유하도록 독려하라. 결과적으로 제품과 서비스, 사업을 향상시키는 방법에 대한 놀라운 통찰력을 갖게 된다. 나는 그 점을 경험을 통해 배웠다. 넷플릭스의 사업에 대해 깊이 배우는 과정에서 모든 직원 한 명 한 명이 사업을 정말로 이해하는 것이 얼마나 중요한지를 알게 됐다.

사람들은 직장에서 놀고 싶어 하지 않는다, 그들은 배우길 원한다

내가 선마이크로시스템스에 있을 때 인재관리 부서에만 370명의 직원이 있었다. 무려 370명이나 말이다! 하지만 그들 모두는 사실상 핵심 사업부문으로부터 동떨어져 있었으며 회사가 무엇을 만들어내는지도 제대로 설명하지 못했다. 우리는 인력과 관련한 대략적인 계획을 마련하고, 회사 특성과 동떨어진 일들을 하고, 각종 축하연을 벌이느라 바빴다. 차라리 연예기획사에 가까운 '행복한 표정'의 회사원이었다. 사실 재미있기도 했지만, 다소 공허함을 느꼈다. 우리는 언제나 좀더 존중받고 주목받기를 원했다.

그랬기에 성장하는 넷플릭스에 합류하게 됐을 때 새로운 임무를 맡은 것에 신이 났다. 나는 사업과 동떨어져 인재관리 부서에 '격리' 되지 않는다는 조건으로 일을 수락했다. 경영진의 일원으로서 CEO에게 직접 보고하는 위치였다. 이는 일종의 승진일 뿐만 아니라 사업이 실제 돌아가는 판을 깊이 배울 기회임을 의미했다. 그리고 실제로, 얼마 안 가 나는 직원 한 명 한 명이 사업에 대해 같은 이해도를 갖는 게 얼마나 가치 있는 일인지 깨닫게 됐다. 리드와 나는 잭 스택Jack Stack과 보 버링햄Bo Burlingham의 저서 《위대한 비즈니스 게임》에 나오는 '오픈북 경영'에 매료됐다. 그 책에서 이야기하는 투명성은 DVD 우편 배달 서비스를 월 구독 서비스 모델로 전환하는 데 가장 큰 원동력이 됐다.

함께 출근하던 길에 리드가 대여하는 비디오 개수에 따라 요금을 받던 방식을 월 구독료 모델로 바꾸는 것에 대해 열정적으로 이야기했다. 나는 대답했다.

"리드, 목소리만 들어도 알겠어요. 당신이 지금처럼 흥분할 때면 꼭 무슨 일이 벌어지잖아요. 당신은 지금 자신이 옳다고 확신하고 있죠?"

직원 대부분이 그런 변화를 반기지 않으리라는 생각이 들었다. 하지만 사업상 옳다고 믿는 일이라면 리드가 어떻게든 밀어붙이리라는 사실 역시 잘 알았다. 그 변화가 고통스러우리란 것은 명확했다. 그건 단순히 웹사이트 규정을 바꾸는 것 이상을 의미했기 때문이다. 배송과 청구 시스템은 물론 담당 부서, 관리자, 판매직원 등 회사의 전체 조직을 바꾸는 일이었다. 구독자 서비스를 운영함으로써 축적될 방대한 고객 데이터를 활용하기 위해서는 엔지니어도 대거 채용해야 했다. 또한 우리보다 100배 더 큰 경쟁자인 블록버스터와 생존을 놓고 싸워야 했다.

다행스러웠던 점은 사업상 변화가 너무 극적으로 일어났기 때문에 다른 생각을 할 틈이 없었다는 것이다. 우리는 두 가지에 초점을 맞췄다.

첫째는 새로운 비즈니스 모델과 현안이 무엇인지를 깊이 이해하는 것이었다. 월 구독 서비스는 숫자 경쟁이다. 초기 투자 이후 상당 시간이 지나야만 매출이 발생한다. 이것이 얼마나 큰 도박이었는지는 실제 해보고 나서야 알게 됐다. 우리는 처음 구독자를 유인하기 위해 상당한 돈을 지출해야 했다. 이는 더 많은 고객을 유인하기 위한 투자였으며, 새 구독자가 유입되면 그 돈을 더 많은 고객을 확보하는 데 투자했다. 몇 년 뒤에 발생할 이익을 위해 선금을 내는 것, 이것이 넷플릭스 모델의 핵심이었다. 성장 단계에서 상당한 규모의 초기 투자비용을 쏟아부어야 했는데, 이는 구독 모델을 이른 시일 내에 안착시켜야 한다는 걸 의미했다.

둘째는 전 직원이 새로운 비즈니스 모델을 잘 이해하도록 돕는 것이었다. 당시 넷플릭스 직원들이 아는 거라곤 반납일과 연체수수료가 전부였다. 리드가 반납일과 연체수수료 없는 구독 모델을 제안했을 땐 진심으로 겁이 났다. 연체수수료는 거대 경쟁사인 블록버스터로서도 중요한 수익원이었다. 역시나, 리드와 내가 연체수수료를 물지 않겠다고 발표하자 모든 직원이 그게 어떻게 작동하겠느냐며 걱정이 태산이었다.

어쨌거나 나는 실제 경영에 참여하게 돼 기뻤다. 더는 행복한 표정의 인재관리 대모에 머물고 싶지 않았다. 또한 직원들에게 우리가 왜 이런 결정을 내렸는지, 우리의 목표를 달성하는 데 가장 좋은 방법은 무엇인지, 그리고 어떤 장애물이 있을지를 명확하고 충분하게 설명하는 일이 좋았다.

내가 경험한 첫 번째 '아하!'의 순간은 여섯 살 난 아들의 축구경기를 관람하던 때에 찾아왔다. 남편이 그 팀의 코치였으며 나 역시 시합을 보러 자주 나갔다. 아이들은 공에 굉장히 과민하게 반응했다. 그저 공을 둘러싸고 떼로 몰려다녔다. 첫 번째 경기를 보러 가는 길에 남편에게 물었다. "오늘 당신의 게임 전략은 뭐야?" 그는 이렇게 답했다. "음, 모두가 동시에 같은 방향으로 공을 몰고 가게끔 할 거야." 내가 "성공할 것 같은 전략이네"라고 대꾸하자 그가 "하지만 후반전에는 정반대로 해야 할 거야"라고 했다. 당시 월드컵 경기가 진행 중이었지만 내겐 아이들의 시합이 더 중요했다. 누군가 비행기에서 그들의 경기를 내려다봤다면 '오, 멋진 패스로군!' 했을 것이다. 사업도 다를 게 없다.

회사의 모든 팀, 모든 직급에서 어떤 문제를 담당해야 하는지 정말로 알고 싶다면 고위 경영진의 시각에서 사안을 볼 필요가 있다. 그래야 사업 구석구석의 문제를 발견하고, 기회를 포착하고, 효과적으로 조치를 취할 수 있다. 많은 기업이 수많은 교육 훈련 프로그램에 돈을 쏟아붓고, 직원의 성과를 측정하고 인센티브를 주는 데 시간과 노력을 투자한다. 하지만 역설적이게도, 정작 회사 사업이 어떻게 운영되는지를 설명하지는 않는다.

소통의
심장박동

|

비즈니스가 점점 복잡해질수록 미래를 대비하는 것은 고사하고 사업이 어떻게 굴러가는지에 대해 소통하는 것조차 쉽지 않은 게 사실이다. 회사 대표와 인재관리 임원들이 이런 대화 방식을 실행하고, 모든 관리자가 끊임없이 소통하는 습관을 들이

기까지는 시간이 많이 걸린다. 이 문제의 열쇠는 내가 명명한 '소통의 강한 심장박동'을 구축하는 것이다. 이는 실험과 실천을 요한다.

한동안 리드와 나는 '컬처 데크'의 출발점이 된 슬라이드를 들고 신입사원 열 명 정도를 모아놓고 설명하기도 했다.

"이것은 당신의 커닝 페이퍼입니다. 여기 쓰여 있는 내용은 당신이 동료들과 관리자에게 기대해야 하는 내용입니다."

그리고 얼마 후에는 '신입사원학교'라는 방식을 개발했다. 콘텐츠 라이선스 취득 및 자체 제작 부문 부사장을 맡고 있는 신디 홀랜드Cindy Holland의 아이디어에서 탄생한 것이다.

그때까지 모든 부문의 책임자는 분기마다 하루 날을 잡아 중요한 이슈와 사업 발전 방안에 대해 한 시간 분량의 발표를 했다. 경영진이 투자자들을 앉혀놓고 하는 일종의 투자설명회인데, 나는 신디와 함께 뒤에 서서 지켜보곤 했다. 어느 날 그녀가 이 자리를 통해 상당히 많은 것을 배웠다면서 이렇게 말했다.

"이런 경영 실적 발표를 외부인들에게만 할 게 아니라 우리 직원들을 대상으로도 하는 게 어떨까요?"

그래서 직원 모두를 위해 발표하게 됐고, 이를 우리는 '신입사원학교'라고 불렀다. 넷플릭스 임직원들은 신입사원학교에 참여하면서 회사 사업에 대해 일종의 경외심을 갖게 된다. 경영 지표를 비롯하여 각 부서의 제품이 포함된 자세한 내용이 공개되기 때문이다. 직원들은 자신이 속한 조직이 어떤 비전을 가지고 있고 무엇을 하고자 하는지 깊이 이해하게 된다. 더욱이 각 사업부서의 대표들을 소개하는 자리이기도 해 평소 궁금했던 점을 직접 물어볼 수도 있다.

상향식과 하향식 대화를
모두 보장하라

|

대화가 쌍방향으로 흐르도록 하는 게 중요하다. 모두가 질문하고 비판하고 아이디어를 제안할 수 있어야 한다. 이상적으로는 모든 직원이 모든 관리자와 CEO에게까지 그렇게 할 수 있어야 한다. 신입사원학교를 시작할 때 우리는 참석자들에게 이렇게 말한다.

"여러분은 오늘 자신이 하는 만큼 얻어갈 것입니다. 아무런 질문을 하지 않는다면 아무런 답도 얻지 못할 겁니다."

돌이켜보면 이는 회사의 성공을 위해 매우 중요한 초석이었다. 모든 직급의 직원들이 자신의 당면 과제나 경영진이 내리는 결정에 대해 자유롭게 설명을 요구할 수 있는 일종의 허가권을 부여한 것이다. 이렇게 하면서 직원들은 더 많은 정보를 얻었고 시간이 지나면서 '호기심 문화'가 회사 전체에 스며들었다. 몇몇은 정말로 좋은 질문을 함으로써 관리자들에게 중요한 통찰력을 선사했다. 여기 좋은 사례가 있다.

신입사원학교에서 테드 사란도스가 '콘텐츠 윈도잉windowing'에 대해 설명한 일이 있다. 콘텐츠 윈도잉은 영화 배급을 위해 고안된 전통적인 시스템을 말한다. 영화는 처음엔 극장으로 배급되고, 다음엔 호텔로 넘어가고, 이어 DVD로 나오는 과정을 거쳤다. 당시 넷플릭스는 재빨리 DVD를 배급하는 데 집중하고 있었다. Q&A 시간에 한 엔지니어가 질문했다.

"꼭 저렇게 진행해야만 하나요? 바보 같아 보이는데요."

순간 테드는 얼어붙었다. 관행적으로 그렇게 해왔을 뿐 그조차 이유를 몰랐기 때문이다. 그는 솔직하게 자신도 모른다고 답했다. 이후 테드는 그 질문에 몰두했고 콘텐츠 윈도잉에 관한 모든 것에 도전했다.

몇 년 뒤 넷플릭스가 전 회차 공개 방식을 도입함으로써 테드의 도전이 성과를 거뒀다. 전 회차 공개 방식은 시리즈물의 에피소드를 한 편씩 내놓는 것이 아니라 시리즈 전체를 한꺼번에 공개하는 것을 말한다. 예전엔 TV에서 드라마를 방영하던 방식을 관행적으로 따라왔지만, 이제는 스트리밍이 보편화돼 정해진 시간에 TV 앞에 앉아 보는 사람이 많지 않다. 오히려 원하는 시간에 원하는 자리에서 몰아 보기를 하는 소비자들이 훨씬 많다. 전 회차 공개 방식이 큰 인기를 끌면서 넷플릭스의 성장도 속도를 더하게 됐다.

아이디어나 질문의 가치를 절대 우습게 보지 말라. 어떤 직급의 어떤 직원이 당신을 깜짝 놀라게 할지는 아무도 모른다.

모든 직급의 직원들이
비즈니스를 이해하게 하라

팀원들과 사업 문제를 얘기하거나 어떤 질문을 받았을 때 '이 사람 진짜 아무것도 모르네'라고 생각해본 적이 있을 것이다. 그러지 말고, 다음번엔 이렇게 생각해보길 바란다. '이 사람은 내가 아는 것을 모르고 있네. 그러니 내가 알려줘야겠군.'

나는 팀장들을 만나면 급변하는 기술 환경에서 직면하는 사업 문제들을 이해하도록 팀원들을 도와줘야 한다고 수시로 강조한다. 그러다 보면 "나는 설명을 하려고 노력하는데 팀원들이 너무 멍청해서 들어먹지를 않아요"라는 식으로 말하는 팀장도 있다. 그러면 나는 "음, 너무 복잡하게 설명해서 이해하기 어려웠던 게 아닐까요?"라고 짚어준다. 나는 팀장들에게 '엄마에게 말하듯 그 문제를 설명하라'라는 규칙을 제시했다. 예전에 내가 주도해서 만든 인재관리 계획을 엄마에게 얘기했더니 "뭘 하자는 건지 당최 알 수가 없구나"라고 하신 적이 있다. 그녀의 말은 언제나 옳다. 복잡한 전문 용어를 사용해 설명하는 것은 전혀 도움이 되지 않는다.

사업의 모든 측면을 간단하면서도 강력하게 설명하기란 쉽지 않다. 하지만 할 수만 있다면 보상은 상상을 초월한다. 나는 컨설팅을 하면서 회사 고객서비스 담당 관리자들에게 종종 이렇게 질문했다.

"고객서비스를 담당하는 일선 직원들이 회사 사업이 어떻게 운영되는지를 얼마나 이해하고 있다고 생각하나요? 그들은 사업이 직면한 가장 긴급한 문제를 파악하고 있나요? 그들의 업무가 회사의 손익계산서에 얼마나 기여하고 있는지, 숫자의 의미를 그들이 얼마나 이해하고 있다고 생각하나요?"

회사가 겉으로는 고객 경험을 향상시켜야 한다고 말하면서 얼마나 자주 일을 망치고 있는지 아는가? 한 조사 결과 소비자의 78퍼센트●가 불편한 서비스 경험 때문에 최종 구매나 계약을 철회했다고 한다. 이는 미국에서만 연간 620억 달러에 달하는 비용●●이다. 또 다른 조사●●●에서는 나빴던 고객 경험이 좋았던 경험보다 두 배나 더 확산되는 것으로 나타났다. 이는 아직까지도 대체로 사람이 해결해야만 하는 문제들이다. 홈페이지에 자주 하는 질문FAQs 목록을 올려놓거나 휴대전화 문자 서비스, 챗봇(대화형 로봇) 등을 통해 고객서비스를 제공하는 경우가 많지만, 얼굴을 맞대고 이야기하거나 직접 전화하는 서비스가 훨씬 효과적이다.

고객서비스 부서의 일선 직원들이 열심히 일하길 원한다면 가장 먼저 회사 손익계산서 읽는 법을 가르쳐라. 일반적으로 고객서비스 상담 직원들은 손익계산서를 접할 기회가 거의 없다. 솔직히 대부분이 오래 근무하지도 않으며, 관료주의 사다리의 가장 하단에 있다. 하지만 모든 사업의 성공은 근본적으로 구전 마케팅으로 견인된다. 고객과 직접 접촉하는 직원들이야말로 자신들의 모든 대고객 행동이 다른 사람들에게 전파될

● "좋은 서비스가 좋은 비즈니스다. 미국 소비자들은 바르게 서비스하는 기업에 기꺼이 더 많은 돈을 지불한다", 아메리칸익스프레스, 2011년 5월 3일, http://about.americanexpress.com/news/pr/2011/csbar.aspx

●● "620억 달러를 고객서비스로 날려버렸다", 뉴보이스 미디어닷컴, 2016년 5월 24일, www.newvoicemedia.com/en-us/news/the-62-billion-customer-service-scared-away

●●● "부정적 평가: 비즈니스엔 황금 같은 기회", 소비자 보호 기관인 베터비즈니스뷰로(BBB) 연구, 2014년 9월 14일, www.bbb.org/phoenix/news-events/business-tips/2014/09/negative-reviews-a-golden-opportunity-for-business/

수 있음을 알아야 한다. 자신들이 고객에게 제공하는 경험이 회사의 손익에 얼마나 직접적으로 영향을 주는지를 이해해야 한다. 단적인 예로도 알 수 있다. 모든 회사는 고객 확보 비용을 계산하는데, 한 고객이 다른 고객에게 제품이나 서비스를 추천한다면 회사는 비용을 절감할 수 있다. 고객서비스 직원들이 회사와 한배를 탔다고 느끼길 원한다면 회사의 손익 정보를 공유하라.

회사 손익 정보를 공유하라고 조언할 때면 똑똑한 사람만이 알고 싶어 할 거라는 대답이 돌아오곤 한다. 회사 경영진조차 MBA 출신들의 일이라거나 고객상담 직원들은 손익계산서에 관심도 없고 이해하지도 못한다는 편견에 사로잡혀 있다. 내 대답은 "그렇다면 멍청한 사람은 고용하지 마십시오"이고, 더 좋은 대답은 "그들이 멍청하다고 지레짐작하지 마십시오"다. 오히려, 그들이 어리석은 일을 하고 있다면 정보를 제대로 얻지 못했거나 잘못된 정보를 얻었으리라고 추정해야 한다.

반드시 높은 직급의 직원들만이 사업의 침체 상황이나 부정적인 측면에 대한 정보를 알아야 할까? 만약 부서가 어려움을 겪는 문제라면? 회사가 신제품 시장에서 어려움을 겪고 있다면? 이런 상황이라면 모든 직원이 겁먹지 않을까? 자세한 회사 정보를 공유해도 될 만큼 그들을 신뢰할 수 있느냐 하는 문제도 있을 것이다. 물론 어떤 정보는 비밀을 유지해야 한다. 하지만 당신이 직면한 경쟁의 심각성을 충분히 전달하고, 회사가 직면한 주요 도전 과제를 공유할 수는 있을 것이다.

회사의 전략, 운영, 경영 결과에 대한 정보를 모든 직원에게 공유하지 않는 것은 참 역설적이다. 거래소에 상장된 회사는 '공시'라는 제도를 통해 이런 정보들을 온 세상에 공개한다. 그래서 자사 직원보다 기업설명회에 참석한 투자자들이 회사에서 일어나는 사업상 일들을 더 많이 알 수도 있다. 회사가 모든 직원을 위해 실적설명회를 개최한다면 이런 일은 없지 않을까? 직원들이 실제 실적설명회를 듣도록 하는 것은 어떤가?

회사 직원들이 경영진으로부터 사업 정보를 얻지 못한다면 다른 사람들로부터 잘못된 정보를 얻게 될 가능성이 커진다. 사업이 어떻게 진행되고 있는지, 당신의 전략이 무엇인지, 직면한 도전이 무엇인지, 증권시장의 애널리스트들이 회사 경영을 어떻게 평가하고 있는지를 직원들에게 제대로 알리지 않을 때도 같은 일이 일어난다. 정확히는 알지 못하는 주변 동료들이나 각종 소문과 음모론이 나도는 인터넷에서 허무맹랑한 정보를 얻게 될 것이다.

팀 코치는 모범이 될 뿐
지도교사도, 연예인도 아니다

|

너무나 많은 회사가 직원들을 재교육하는 데 많은 돈을 쓰고 있다. 이런 데 쓰이는 돈과 시간, 노력은 번지수를 잘못 짚은 것으로 드러나기 십상이다. 스포츠 코치들이라면 경기에 출전하는 것보다 더 좋은 훈련은 없다고 말할 것이다.

한 신생 기업을 컨설팅하던 때의 일이다. 교육개발 부문장이 내게 젊은 직원들이 훌륭한 관리자가 되도록 교육할 필요가 있다고 말했다.

내가 물었다. "그들이 무엇을 더 배워야 하나요?"

그녀가 우물거리면서 말했다. "글쎄요…, 더 나은 관리자가 될 필요가 있죠."

나는 다시 한번 물었다. "구체적으로 무엇을?"

그녀가 짧게 답했다. "경영이요."

"그런데 경영의 어떤 부분을?"

"갈등관리와 상호소통 관련 커리큘럼을 진행해야 하지 않을까 싶은데요."

아마도 그 두 과목이 직원 교육 프로그램 가운데 가장 인기 있는 강의일 것이다. 물론 일부에게는 이런 강의가 도움이 되리라고 생각한다. 하지만 회사 내 모든 직원을 대상으로 교육을 해야 한다면 사업이 어떻게 운영되는지와 고객 응대를 어떻게 해야 하는지가 기본이 될 것이다. 이것이 직원들이 가장 원하는 정보다. 업무에서 실제 써먹을 수 있기 때문이다. 갈등 해결에 관한 강의는 직원들이 대체로 딴생각을 하게 하는 것은 물론, 일할 시간을 뺏겼다는 생각이 들게 할 것이다.

이른바 '밀레니얼 세대(1980년대 초반부터 2000년대 초반 출생자-옮긴이)'라는 주제는 어떨까? 나는 컨설팅을 나갈 때마다 이런 질문을 받는다.

"밀레니얼 세대를 다르게 대할 줄 알아야 합니다. 당신은 어떤 조언을 해주시겠습니까?"

사람들은 밀레니얼 세대는 비금전적인 혜택과 평생 교육 프로그램 같은 것을 필요로 한다고 생각한다. 왜냐하면 여러 조사 결과가 그들이 일하면서 가장 원하는 것이 무언가를 계속 배우는 거라고 말해주기 때문이다.

나는 동의하지 않는다. 밀레니얼 세대를 다르게 취급해야 한다는 것은 완전히 거짓이라고 생각한다. '밀레니얼'이라는 용어 자체도 참을 수 없다. 그저 사회 초년생일 뿐 아닌가? 그들을 좀더 가르쳐야 한다면 사업이 어떻게 운영되는지에 대한 가르침이 필요할 뿐이다. 그들이 배우는 걸 좋아한다면 금상첨화다. 그렇지 않은가? 그들은 이제 막 대학을 졸업했고, 인생의 모든 것을 배우고 싶어 하는 스펀지 같은 단계에 있다. 그들은 당신이 먹이는 것은 무엇이든 먹어치울 것이다. 간단한 군것질거리를 준다면 그것만 먹을 것이다. 하지만 사업 운영이라는 진짜 고기를 먹이기 시작한다면 군것질거리로는 만족하지 않을 것이다. 그 결과, 그들이 얼마나 열심히 일하고 얼마나 많이 기여하는지에 놀라게 될 것이다. 그들은 외계인들이 아니다. 그저 폭발적인 잠재력을 가진 젊은 직원들이다. 우리가 젊은 직원들에게 동료의 잔에 거품 안 나게 맥주를 따라주는 방법 대신 손익계산서 읽는 법을 가르치고, 협업에 관한 온라인 교육을 시키는 대신 정말로 협업해야만 하는 프로젝트를 준다면 그들은 평생 써먹을 수 있는 기술을 배우게 될 것이다. 그들은 진정한 평생 교육이 무엇인지를 이해하고 있다.

　물론 사람들은 급여 이외의 특전이나 여가 활동도 좋아한다. 동료들과 공짜로 피자와 칵테일을 먹고 마시는 것을 싫어할 사람이 누가 있을까. 하지만 최고의 특전과 여가는 사업과 고객을 더 잘 이해할 수 있는 기회를 주는 것이다. 넷플릭스 초창기에 우리는 직원들에게 영화 사업에 대해 배울 기회를 많이 제공했다. 많은 사람이 영화 팬이었지만 영화가 어떻게 만들어지는지, 진짜 영화광들의 문화가 무엇인지에 대해선 잘 몰랐다.

당시 넷플릭스는 다른 곳에서는 보기 힘든 예술영화를 직원들에게 서비스하곤 했다. 독립영화에 중점을 두는 선댄스영화제에 전 직원이 몰려가기도 했다. 또 유명한 영화감독, 영화 촬영기사, 편집자를 정기적으로 초청해 강의를 들었다. 우리는 진지한 의제를 세우고, 직원들에게 데이터를 발표하게 하고, 정말로 어려운 질문을 던지고, 회사의 미래와 경쟁적인 환경에 대해 끝장 토론을 하게 했다.

지난 겨울 워싱턴 동부에서 소프트웨어 엔지니어 500명을 대상으로 하는 강의를 요청받았다. 내가 좋아하는 엔지니어들과의 만남이어서 무척 기대가 됐다. 강의는 인공지능AI의 미래를 주제로 사흘간 회의에 몰두하면서 우리 시대를 바꿀 최신 기술이 어떻게 서비스와 제품으로 구현될지를 알게 됐다. 이보다 좋은 게 또 있을까?

이런 행사를 후원하거나 당신 혹은 팀원이 직접 참가하진 못하더라도 직원들에게 최신의 정보를 제공하기 위해 할 수 있는 모든 것을 생각해보라. 이는 팀원들이 당신을 더 잘 돕도록 하는 최고의 방법이다.

끊임없이
소통하라

|

넷플릭스에서는 신입사원이 들어오면 우선 간단한 컬처 데크를 만들어 슬라이드로 상영했다. 회사의 정보를 제공하기 위해서다. 처음에는 그 슬라이드를 반복해서 사용할 생각이었으나 그럴 수가 없었다. 모든 신입사원이 저마다 다른 질문을 했을 뿐만 아니라 사업의 본질과 직면한 도전들이 계속 변화했기 때문이다. 그래서 메시지를 끊임없이 모니터하고 변화한 부분을 업데이트해야 했다. 이 일은 앞으로도 영원히 되풀이될 것이다.

직원들이 충분히 정보를 얻고 있다는 것을 어떻게 알 수 있을까? 내가 고안한 측정 지표는 이렇다. 휴게실이나 엘리베이터에서 직원을 만나면 회사가 앞으로 6개월간 해야 할 가장 중요한 일 다섯 가지가 무엇인지 물어보라. 어떤 직급의 누가 됐든 상관없다. 그 직원이 대답을 하면서, 당신이 직원들과 소통하면서 사용했던 단어를 똑같이 사용한다면 정보가 충분히 흐르고 있는 것이다. 순서까지 그대로 따라 했다면 더욱 이상적이다. 하지만 만약 그 직원이 대답을 하지 못한다면 소통의 심장박동이 아직 충분히 강하지 않다는 의미다.

| 2장 | 도전에 대해 끊임없이 소통하라

이 장의 핵심

▶ 모든 직급의 직원들은 자신에게 주어진 일과 팀의 임무를 이해하고 싶어 한다. 그뿐 아니라 사업이 어떻게 운영되고 있는지에 대한 큰 그림과 회사가 직면한 도전 과제, 경쟁적인 환경에 대해 이해하길 원한다.

▶ 가장 중요한 직원 교육은 사업이 작동되는 방식을 진짜로 이해하게 하는 것이다. 수많은 인재개발 교육 프로그램보다 훨씬 생산적이고 호소력이 있으며, 성과 향상과 평생 교육을 위한 로켓 연료와 같다.

▶ 경영진과 직원 간 소통은 쌍방향으로 흘러야 한다. 더 많은 리더가 질문과 아이디어 제안을 독려하고 그들 스스로 소통하도록 지원해야 한다. 그렇게 하면 모든 직급의 더 많은 직원이 놀랄 만한 아이디어와 통찰력을 보여줄 것이다.

▶ 직원들이 아무것도 모르는 것 같다면, 그들이 알아야 할 정보를 얻지 못했다는 의미다. 그들에게 충분한 정보를 주는 일을 절대 놓쳐선 안 된다.

▶ 사업이 어떻게 진행되는지, 좋든 나쁘든 직면한 문제가 무엇인지를 직원들에게 말하지 않는다면 그들은 엉뚱한 곳에서 정보를 얻고 때로 잘못된 내용을 받아들이게 될 것이다.

| 067 |

▶ 소통이라는 업무는 끝이 있을 수 없다. 연례, 분기별, 월간, 주간 행사가 아니다. 일상적이고 끊임없는 소통은 경쟁에서 살아남게 해주는 생명줄이다.

리더에게 필요한 질문

- 모든 직원이 비즈니스 모델을 얼마나 잘 설명할 수 있다고 생각하는가? 한번 설명해보라고 하라.

- 회사의 실적설명회에서 발표된 정보를 직원들과 공유하고 있는가? 회사의 손익계산서를 직원들에게 얼마나 자주 보여주는가? 회사가 경쟁에서 어떻게 살아남을지에 대한 데이터를 직원들이 어디에서 얻고 있는가?

- 회사가 직면한 어려운 과제에 대해 직원 모두가 인지하고 있는가? 문제를 해결하는 방법에 대해 그들의 생각을 물어봤는가? 회사 내에 정보를 전하고 도전 과제를 토론하기 위한 훈련 과정이 있는가?

- 직원들이 사업의 어떤 부분에 대해 더 알고 싶을 때, 그 부서 팀장한테 설명을 해달라고 요청할 수 있는가? 부서 간 소통을 촉진할 수 있는 다른 방법이 있는가?

- 회사 고객이 누구이며 그들의 필요와 욕구가 무엇인지를 직원들이 얼마나 이해하고 있다고 생각하는가? 고객 조사 결과를 정기적으로 공유하는가? 직원들이 고객들과 직접 시간을 보내는 것을 독려하는가?

- 업무 외 활동을 계획하고 있다면 직원들이 배우고 토론하기를 원하는 가장 중요한 이슈가 무엇인가? 어떤 방법으로 최대한의 정보를 전달하고자 하는가?

- 기존 미팅이나 포럼 중에서 사업 환경에 대해 소통하는 시간으로 활용할 수 있는 것들이 있는가? 이런 미팅들이 여전히 효과적인지를 정기적으로 검토하는가? 주간 스탠딩 미팅, 분기별 전체회의 등 자리의 성격에 따라 다른 주제를 잡고 있는가?

POWERFUL

3장

극도로 솔직해져라

진실을 공개적으로, 직접 말하라.
솔직하게 피드백하라.
문제를 덮어두면 고쳐지지 않고,
그 결과가 반드시 자신에게 되돌아온다.
'극도의 솔직함'이 회사 전체로 퍼지게 하라.

사업가가 알아야 할 가장 중요한 사실 중 하나는 직원들에게 정중하고 솔직하게 진실을 말하는 것이 잔인한 일이 아니라는 것이다. 오히려 속을 드러내고 직원들이 들어야 할 말을 해야만 그들이 당신을 확실히 믿고 이해할 수 있다.

사람들은 대개 자신과 함께 일하는 사람들에게 진실을 말할 수 없을 것 같다고 느낀다. 그 이유로 다음의 세 가지를 들 수 있다. 첫째, 상대가 '진실'을 이해할 만큼 충분히 똑똑하지 않기 때문에 둘째, 상대가 그것을 이해할 만큼 충분히 성숙하지 않기 때문에 셋째, 상대에게 기분 좋은 일이 아닐 수 있기 때문에 등이다.

무엇이 잘못됐을까. 무엇보다도 사람들은 친절을 베풀고 싶어 한다. 그것이 서로를 기분 좋게 한다고 생각한다. 하지만 상대를 기분 좋게 하려는 욕구는 보통 그럼으로써 자신의 기분을 좋게 하고자 하는 갈망이다. 하지만 문제를 덮어두면 결국 기분을 망치게 되기 마련이다. 진실을 말하지 않으면 일하는 방식에서 문제가 고쳐지지 않고, 그 결과가 자신에게 돌아오기 때문이다.

어른이 된다는 것은 진실을 들을 수 있다는 것이다. 바꿔 말하면, 당신이 고용한 '어른'들에게 진실할 의무가 있다는 얘기다. 그들이 당신에게 가장 바라는 바이기도 하다.

직접
말했는가?

|

넷플릭스에서 가장 중요한 지침 중 하나는 모두가 문제에 대해 공개적으로 얘기해야 한다는 것이다. 부하, 동료는 물론 상사에게도 말이다. 우리는 솔직함이 위아래로, 회사 전체로 퍼지기를 원했다.

리드와 내가 호흡이 잘 맞았던 이유 중 큰 부분이 언제나 서로에게 아주 솔직했다는 것이다. 리드는 내가 그에게만이 아니라 회사의 모든 사람에게 솔직하다는 점을 좋아했다. 내 오래된 동료에게 넷플릭스로 옮길 예정이라고 하자, 그녀는 내게 "뭐라고? '그 짐승'이 있는 스타트업에 또 가겠다고?"라고 말했다. 퓨어소프트웨어에서 리드와 함께 일하던 당시의 얘기를 내가 자주 들려준 친구였는데, 내가 가끔 그를 그렇게 불렀기 때문이다. 그는 당시 진짜 터프했었다. 그는 내게 많은 것을 기대했고, 나는 항상 결과를 내놓도록 도전받았다.

'극도의 솔직함'을 실천하는 것은 내게 숨을 쉬는 것이나 마찬가지다. 나의 이런 점을 함께 일하는 모든 회사에서 흔쾌히 받아들인 것은 아니다. 내가 리드를 위해 퓨어로 간 것은 마침 스타트업의 세계로 옮기기로 마음먹은 때였다. 그 이유 중 하나는 일반 기업의 세계에선 내가 늘 곤란에 처하곤 했기 때문이다. 한번은 부사장에게 불려가서 이런 질문을 받기도 했다.

"엔지니어들의 기분을 상하게 했나요?"

나는 답했다. "네. 하지만 그들이 먼저 불평을 늘어놓았어요. 욕조의 물이 충분히 뜨겁지 않다든지, 수건이 솜털같이 푹신푹신하지 않다든지, 수영장이 너무 춥다든지 등 온갖 시시콜콜한 문제로요."

그러자 그가 날 질책했다. "엔지니어들이 우리의 가장 중요한 자원인 걸 당신도 알고 있지 않나요? 우리 부서는 그들에게 특별대우를 해줘야만 합니다."

나는 엔지니어들이 마치 신처럼 대접받으려 하는 것에 질리고 말았다.

리드와는 상황이 180도로 달랐다. 내가 면접을 보러 갔을 때 그의 첫 번째 질문이 "당신의 인재관리 철학은 무엇입니까?"였다. 당신은 내가 선마이크로시스템스와 볼랜드소프트웨어에서 일했다는 사실을 알고 있을 것이다. 나는 인적자원관리 분야에서 쓰는 전문 용어로 유창하게 답했다.

"저는 모든 사람이 자신의 개인적인 야망과 온전한 상태를 보존하면서 조직에 기여할 수 있도록 권한을 부여받아야 한다고 믿습니다."

그가 나를 빤히 바라보며 말했다. "당신 지금 영어로 말하는 거 맞아요? 당신이 방금 말한 게 아무 의미가 없다는 걸 당신도 알고 있죠? 그 단어들은 심지어 하나의 논리적인 문장으로 연결되지도 않아요."

나는 '특유의 침착함'을 발휘해서 답했다. "하지만 당신은 날 알지도 못하잖아요."

그는 바로 쏘아붙였다. "우리가 이런 식의 대화를 하고 있는데 내가 어떻게 당신을 알 수가 있겠소. 내 회사를 키울 수 있도록 당신이 할 수 있는 게 뭔지 말해봐요."

그날 집에 돌아왔을 때, 남편이 면접은 어땠냐고 물었다. 나는 "글쎄, CEO랑 한판 붙었어"라고 말했다. 다행히도 나는 그 일자리를 얻었다. 그리고 나는 리드와 내가 서로에게 직설적일 수 있다는 점을 곧 좋아하게 됐다. 그는 항상 내가 세운 가정에 이의를 제기했고, 내가 내뱉을지 모를 인재관리의 뻔한 말들에

호통을 쳤다. 이게 기분 좋았다. 나는 존중받는다고 느꼈다. 그는 날 조금도 애지중지하지 않았지만, 사업을 개선하기 위해 새로운 방법을 계속 찾아내도록 나를 압박하는 그의 방식이 좋았다. 내가 뭔가를 해내고 뿌듯해 하면 그는 이렇게 말하곤 했다. "오케이, 좋았어. 그럼 이제 뭘 하면 되죠?"

넷플릭스 문화를 이루는 하나의 축은 만약 일하는 방식에서 직원들이 문제를 겪고 있다면 당사자끼리 얼굴을 맞대고 터놓고 얘기하길 바란다는 점이다. 우리는 누구도 등 뒤에서 비판하는 것을 원하지 않았다. 내가 최고인재책임자였기 때문에 관리자들은 자주 내게 어떤 직원 또는 어떤 부서의 사람들에 대해 불평을 늘어놓곤 했다. 그때마다 난 이렇게 대꾸했다. "그에게 직접 말해봤어요?"

직원들에게 이 정도 수준의 투명성을 유지하도록 하는 것은 많은 이점을 가진다. 우선 정치공작과 뒤에서 험담하는 것에 제동을 걸 수 있다. 나는 사내 정치를 아주 싫어한다. 그 자체가 형편없는 일이기도 하지만, 매우 비효율적이기 때문이다. 생각해보라. 만약 내가 누군가를 뒤에서 험담하려고 한다면, 그가 방심한 틈을 노려서 등 뒤에 칼을 꽂아야 한다. 확실히 처리해야 할 것이다. 아니면 그 사람이 내 뒤를 밟을 것이기 때문이다. 머리를 써야 하고 리스크도 크다. 그냥 그 사람에게 이렇게 말해버리는 게 훨씬 더 쉽지 않을까. "네가 그렇게 하는 게 날 미치게 해. 그러니까 제발 좀 그만해!" 하지만 더 중요한 것은 솔직함이 사람들을 성장하게 한다는 점이다. 속으로만 간직하고 있던 대안을 꺼내놓게 하고 의견의 차이를 없앨 수 있다.

사람들은 비판을 환영하는 법을 배운다

|

공개적으로 비판을 공유하는 것은 새로 온 직원들이 가장 적응하기 어려워하는 넷플릭스 문화의 한 부분이다. 하지만 대부분은 개방성이 얼마나 가치 있는지를 빠르게 인정하게 된다. 훌륭한 팀장 중 한 명인 에릭 콜슨Eric Colson은 솔직한 피드백을 주고받는 것이 자신의 팀이 훌륭하고 멋지게 일하는 데 중추적인 역할을 했다고 말했다. 에릭은 특정 부서에 속하지 않고 개별 기여자individual contributor로서 입사했다. 하지만 3년이 채 되지 않아 데이터 사이언스 및 엔지니어링 부문 부사장 자리에 올랐는데, 이역시 솔직하게 피드백을 주고받는 문화가 큰 몫을 했다. 그는 넷플릭스로 오기 전 야후에서 소규모 데이터 분석팀을 관리했는

데, 야후는 직원들을 엄청나게 지지해주고 비판은 하지 않는 문화였다고 회상했다. 넷플릭스에 와서 동료들로부터 비판적인 피드백을 받기 시작했을 때를 떠올리며 이렇게 말했다.

"상처받았죠. 사람들은 '콜슨 씨, 당신은 소통에 서투른 것 같아요', '당신은 많은 청중을 상대로 메시지를 전달해야 할 때 요점을 말하기까지 너무 시간을 끌고 메시지가 명확하지가 않아요'라고 말했어요."

그는 대번에 기분이 상해서 '아, 그러셔? 나도 당신네에 대해 말하고 싶은 게 한두 가지가 아니거든!' 하는 생각이 들더라고 했다. 하지만 오래지 않아 그는 깨달았다.

"그들이 말한 것을 되돌아보면서 그들의 시각에서 볼 수 있게 됐어요. 그러면서 내 단점을 어떻게 개선할지를 배우게 됐죠. 그렇게 직설적으로 지적해준 게 매우 도움이 됐어요."

난 넷플릭스에서 이렇게 변화하는 사람들을 수없이 봤다. 그들은 부정적인 피드백을 받은 데 대한 초기의 충격에서 빠르게 벗어나 피드백을 사려 깊게 되짚으면서 자신을 갈고닦았다.

에릭은 또 관리자들이 팀원들에게 냉엄한 피드백을 주기 꺼릴 때 어떤 일이 발생하는가에 대한 이야기도 들려줬다. 상사는 때로 직원들을 감싸야 한다는 과도한 압박을 느끼는데, 그러면 해당 직원은 개선의 기회를 빼앗기고 나머지 직원은 불공정한 상황을 맞게 된다는 것이다. 그는 야후에서 한 팀원에게 꼭 필요한 비판을 망설인 일이 있다고 했다. 결국 말을 꺼내지 못했고, 그의 부족량을 벌충하려다 보니 다른 직원들에게 부당하게 일을 떠맡겨야 했다.

"내가 지나치게 친절했죠." 그가 말했다. "아니, 친절이 아니에요. 오히려 여러 면에서 나쁜 관리자였던 거예요. 그걸 친절이라고 믿을수록 직원들에게 몹쓸 짓을 하게 됐죠."

당신의 뜻을 전달하는
연습을 하라

넷플릭스에서는 에릭이 말한 것처럼 '완전히 솔직한 피드백'의 가치를 중시한다. 그래서 관리자들이 솔직한 피드백을 하는 걸 편안하게 느끼도록 지도하기 위해 열심히 노력했다.

나도 이 문제에 시간을 집중적으로 썼다. 때때로 나는 문제가 있는 사람에게 목소리를 높여 감정을 터뜨리게 한다. 그러면 사람들은 자신을 화나게 한 상대의 잘못된 행동을 세세한 부분까지 말하곤 한다. 다 듣고 나서 내가 이렇게 묻는다.

"당신이 그 말을 했을 때 그녀가 뭐라고 하던가요?"

대개는 이런 답이 돌아온다. "그녀에게 이런 말을 할 수는 없어요!"

나는 다시 밀어붙인다. "하지만 내게는 말했잖아요. 안 그래요?"

이쯤 되면 대부분 뒷말을 하는 것은 옳지 않다는 것을 깨달은 듯 멋쩍게 쳐다본다. 상황이 여기까지 오면 감정 없이 같은 대화를 하는 연습을 하게 한다. 또한 문제가 있는 행동의 구체적인 예를 제시하고, 해결책을 제안하는 것에 대해 이야길 나눈다. 이런 규칙을 따르면 감정이 실려 있던 문제도 대화로 풀 수 있다.

전달의 기술을 연마하려면 연습을 해야 한다. 혼자 거울 앞에 서서, 또는 배우자나 친구들을 상대로 연습할 수 있다. 말하고자 하는 내용을 크게 소리 내어 예행연습을 하면 자신의 목소리 톤을 들을 수 있다. 녹화를 해서 표정과 몸짓을 함께 살펴봐도 좋다. 보디랭귀지가 말보다 더 많은 것을 드러낼 수도 있기 때문이다. 우리는 자신이 얼마나 부정적인 메시지를 강조해서 보내고 있는지 전혀 알아차리지 못한다.

한 친구의 이야기다. 친구의 상사는 너무 까다로워서 팀원 모두가 그녀와 대화하는 것에 어려움을 겪고 있었다. 친구는 상사에게 어떻게 말해야 할지에 대해 코칭을 받으러 갔는데,

우선 상사에게 어떻게 말하는지 보여달라고 하더란다. 친구가 그렇게 했더니 코치가 말했다.

"음···. 나는 당신이 상사와 있을 때 얼마나 화가 나 있는지 당사자도 알고 있을 거라고 확신해요."

친구의 손동작이 많은 것을 말해주고 있었다. 코치는 친구에게 상사와 미팅을 하는 동안 자신의 손을 깔고 앉으라고 조언했다. 놀랍게도, 이것이 그들의 대화를 극적으로 개선했다.

피드백을 줄 때 가장 중요한 것은 행동에 대해 말해야 한다는 점이다. "너는 산만해"라거나 "너는 집중력이 부족해"라는 식으로 사람의 성격을 꼬집는 대신에 말이다. 또 실행 가능해야 하며, 피드백을 받는 사람이 자신에게 어떤 행동 변화가 요구되는지 이해할 수 있어야 한다. "당신이 노력하는 건 알지만 실제로는 일이 충분히 진행되고 있지 않네요"라는 지적은 아무 의미가 없다. 같은 상황에서 바람직한 피드백은 이것이다.

"나는 당신이 얼마나 열심히 일하고 있는지 잘 압니다. 그리고 그것에 대해서 정말로 감사하고 있어요. 하지만 나는 당신이 중요하지 않은 일에 너무 많은 시간을 쓰고 있다는 것을 알아차렸습니다."

그러고 나면 서로 의견을 모아 더 나은 우선순위를 세울 수 있다.

나도 엄청나게 도움이 되는 피드백을 받은 적이 있다.

"넌 항상 말을 너무 많이 해서 다른 사람들이 의견을 낼 기회가 없어."

이 경험으로 '솔직하게 문제점을 지적하고 해결책을 제안하는 모델'을 만들었다. 나와 가까이서 일하고, 나와 자주 회의에 참석하는 사람들이 나에게 말을 적게 해야 한다는 피드백을 준 덕이다. 나는 하던 말을 멈추고, 입을 다문 채 더 많이 듣고 있는지 확인하는 버릇을 들였다.

많은 사람이 터놓고 말하기를 주저한다. 하지만 진실을 말하면 사람들은 대부분 자신의 행동과 그것이 어떻게 인식되는지를 더 잘 이해할 수 있게 됐다며 진심으로 고마워한다. 적대적이거나 거들먹거리는 톤으로 지적하지 않는 한 말이다.

솔직함이 습관이
되게 하라

|

우리는 팀원은 물론 고위 경영진을 포함한 회사 전체가 서로에게 더 개방적이고 솔직해지는 법을 배울 수 있길 원한다. 그러기 위해선 기준을 정하고 하향식으로 실행해야 한다.

넷플릭스 경영진은 몇 가지 방법으로 '솔직함'을 모델화했다. 그중 하나는 팀회의에서 '시작해라, 그만해라, 계속해라'라고 부르는 운동을 시행한 것이다. 이 훈련에서 각 팀원은 동료에게 시작해야 할 것 한 가지, 그만해야 할 것 한 가지, 매우 잘하고 있고 계속해야 할 것 한 가지씩을 말해야 한다. 우리는 투명성의 가치를 믿는 사람들이므로 회의 중 사람들 앞에서 소리 내어 말하는 훈련을 했다. 숨김없이 솔직한 것이 얼마나 중요한지에 대한 인식이 회사 전체로 퍼져나갔다.

우리는 팀으로 돌아가서 경영진이 '시작해라, 그만해라, 계속해라'라는 운동을 시작했고, 거기서 무엇이 언급됐는지를 알려줬다. 강요된 것은 아니었다. 나는 이것을 인재관리 계획의 하나로 만들진 않았다. 대부분의 임원이 자연스레 그렇게 했고 이는 모델화의 힘을 보여주는 전형이 됐다. 자신의 팀원들에게는 절대 통하지 않을 거라고 말하는 팀장들도 있었다. 그러면 나는 그들에게 말했다.

"그런가요? 하지만 제작이나 마케팅에선 하고 있다는 걸 당신도 알고 있죠? 대단한 일들이 많이 이뤄지고 있는 것을 보면 거기선 잘 통하는 것 같은데요."

이렇게까지 말하는데 안 넘어가는 팀장은 없었다.

또 팀장에게는 팀원들을 관리하고 지도할 때 철저하게 솔직할 것을 요구함으로써 '극도의 솔직함'에 대한 규정을 하향식으로 모델화했다. 우리는 팀장들이 꾸준히 피드백을 공유해야 한다고 강조했다. 아울러 팀원들과 함께 명시적인 기준을 만들라고도 했다. 말하자면, 누군가에 대해 뒤에서 험담을 하거나 팀장에게 다른 동료에 대해 불평하는 것은 용납되지 않는다고 정하는 식이다. 물론 성희롱처럼 윤리에 어긋나는 일이 얼어났을 때는 공개로 2차 피해가 발생할 수도 있으니 비밀리에 다뤄져야 할 것이다.

로셸 킹Rochelle King은 넷플릭스의 훌륭한 팀 빌더 중 한 명이다. 소규모 디자인팀의 관리자로 출발해 사용자 경험user experience 및 제품 서비스 담당 부사장이라는 큰 단위의 관리자가 됐다. 그녀는 처음엔 솔직한 피드백을 주기가 어려웠다고 고백했다. 하지만 회사의 너무나 강력한 지침이었기 때문에 자신이 익숙해지는 것 외에 대안이 없다는 생각이 들었다고 한다. 그녀는 말했다.

"나는 리더이므로 문화를 유지하기 위해선 힘든 일도 해야 한다고 느꼈어요. 대놓고 비판적인 얘기를 하는 건 내 성격에 안 맞는 일이었지만요. 나는 내가 따라야 할 것들이 있다는 걸 잘 압니다. 누군가에게 가서 얼굴을 보며 문제점에 대해 얘기하는 것은 불편한 일이죠. 하지만 이것이 기업문화의 한 부분이라면 모든 구성원이 함께해야 합니다. 많은 리더가 그렇게 하고 있듯이 말입니다."

투명성의 기준을 더 엄격히 세워놓고 모델화할수록 이것이 문화의 일부로 구석구석 스며들게 될 것이다.

피드백 메커니즘을
정하라

|

우리는 직속 부하직원이나 팀원들뿐 아니라 회사 전체의 동료들에게도 비판적인 피드백을 주는 활동을 촉진하기로 했다. 그래서 1년에 한 번 회사 사람 누구에게나 '시작해라, 그만해라, 계속해라' 피드백을 보내는 시스템을 만들었다. 이날을 '연례 피드백 데이'라고 이름 붙였는데 모든 직원이 '시작해라, 그만해라, 계속해라'의 형식에 맞춰 자신이 피드백을 주고 싶은 모든 사람에게 코멘트를 보내도록 했다. 이것은 우리가 새로운 것을 시도하면서 만들어낸 실천사항들이 어떻게 문화로 진화하는지를 보여주는 훌륭한 예다. 처음엔 익명으로 전달되도록 시스템을 만들었다. 하지만 예상대로, 엔지니어들이 반기를 들었다. 숨김없고 솔직해야 한다면서 정작 경영진이 제공하는 도

구에는 투명성이 부족하다는 것이다. 그들은 피드백을 적은 자신들의 메시지 본문에 간단히 자신의 서명을 넣었다. 경영진은 그들의 지적이 옳다는 것을 깨닫고 시스템을 수정했다.

우리는 직원들이 주저하지 않기를 진심으로 바랐다. 그들이 이것을 이해했는지 확인하기 위해서 나는 직원들이 비판에 얼마나 활발히 참여하는지를 살펴봤다. 나는 직원들이 그저 자기가 잘 아는 두세 명의 팀원에게 사소한 비판 몇 마디를 써 보내는 것을 원하지 않았다. 그 플랫폼은 투명성을 널리 퍼뜨리는 게 궁극적인 목적이었기 때문이다. 그리고 결과는 충분히 만족스러웠다. 에릭 콜슨은 처음으로 피드백을 써야 했을 때, '내가 만약 소수의 사람에 대해서만 코멘트를 쓴다면 패티에게 이런 말을 들을 것'이라고 생각했다며 말했다. "이게 뭐예요? 당신은 50명과 일하고 있는데 고작 3명에게만 피드백을 줬군요?"라고 말이다. 만약 당신도 이런 과정을 제도화하고 싶다면 사람들이 전면에 나서서 열광적으로 참여하도록 해야 할 것이다.

적응 과정이 필요하다는 것에 대해선 의문의 여지가 없다. 에릭은 처음에 얼마나 긴장했는지를 설명했다.

"제품관리자가 일하는 방식 중에서 한 가지가 마음에 들지 않았어요. 하지만 내용을 다 적어놓고도 제출 버튼을 차마 누르지 못하고 '맙소사, 그가 나를 뭐라고 생각할까. 이것이 그를 짜증 나게 하면 어쩌지?' 하고 망설였어요. 다음 날 모든 사람이 자신에 대한 피드백을 받았고, 놀랍게도 그가 내 자리로 와서 말했어요. '에릭, 피드백 잘 받았어. 고마워. 아주 도움이 됐어'라고요."

에릭은 피드백을 공유하는 날을 진심으로 기대하게 됐다고 회상했다. 내 경험상 90퍼센트의 사람이 이렇게 반응했다. 그리고 보통 피드백은 상황을 개선하는 데 진짜로 도움이 되는, 생산적인 대화를 이끌어 냈다.

모든 사람이 비즈니스 문제에 대해서
알 자격이 있다

넷플릭스는 비즈니스가 직면한 도전 과제에 대해서도 이와 같은 '극도의 솔직함'을 실천했다. 처음 몇 년 동안은 우여곡절이 많았다. 우리는 당면한 어려움을 회사 전체에 공유했다. 시간 계획, 평가 지표, 그리고 목표를 달성하는 데 필요한 것들을 매우 명확히 전달했다. 모든 직원이 우리가 어디로 가고 있는지, 우리가 무엇을 하고 있는지를 이해하고 있다는 데 확신을 갖고 싶었다. 나는 비즈니스가 직면한 문제를 매우 깊이 이해하는 것이 핵심이라는 걸 깨달았다. 대부분의 회사엔 이런 정보를 회사 전체에 알려야 할 책임이 있는 사람이 아무도 없다. 그래서 많은 직원에게, 심지어는 모든 직원에게 정보가 알려지지 않을 때가 자주 있다. 회사들은 때때로 중요한 전략을 짜는 일이나 운영상 변화를 미루기까지 한다. 직원들이 어떻게 반응할지 몰라 결정을 하지 못하는 것이다.

넷플릭스에서 우리는 다가올 변화에 직원들이 준비하도록 하는 것이 회사에 대한 신뢰를 키운다는 것을 배웠다. 회사가 나아가야 할 곳으로 앞서 달리고 있으며, 요구되는 변화를 수용하면서 누구도 잘못 인도하지 않을 것이란 믿음이다. 물론 때때로 이런 변화는 인기가 없었다. 우리가 초기에 겪은 큰 도전은 우편 배달 방식을 스트리밍 방식으로 전환하는 일이었다. 우리 사업의 미래로 비디오 스트리밍을 늘 얘기했고, 우리 고객들의 습관을 매우 가까이서 따라갔다. 배송 시스템을 개선했고, 콘텐츠도 구축했다. 그 시간 동안 우리는 이런 전환이 고객들에게 어떤 의미가 있는지에 대해서 여러 차례 공개적으로 열띤 논쟁을 벌였다. 결정상의 어려움을 투명하게 알린다 해서 결정이 쉬워진 것은 전혀 아니었지만, 솔직한 대화를 통해 회사의 모든 사람이 변화에 대비했다. 또 적시에 옳은 결정을 내릴 수 있었다. 우리는 직원들에게 충격을 줄 수 있다는 우려 때문에 시스템의 전환을 미루지 않았다. 물론 서비스 전환은 어려웠고, 몇몇 사람은 행복해하지 않았다. 하지만 무엇을 우리가 기대할 수 있는지는 명확해졌다.

흔히 고위 경영진은 사업이 직면한 문제를 공유하는 것이 직원들의 걱정을 키운다고 생각한다. 하지만 그런 태도는 무엇이 더 큰 걱정을 불러일으키는지를 모르기 때문에 나타난다. 당신은 어쨌든 받아들이기 어려운 진실로부터 직원들을 보호할 수 없다. 그렇다고 진실을 밝히길 망설이거나 절반의 진실만 말해서는 경멸만 키울 뿐이다. 신뢰는 솔직한 소통을 기반으로 한다. 나는 직원들이 절반의 진실만 들을 때 냉소적으로 변한다는 것을 봐왔다. 냉소주의는 암이다. 불만이 전이되고, 아첨과 뒷말을 무성하게 한다.

실수를 솔직히 인정하면, 당신에게 마음을 열 것이다

한번은 누군가가 물었다. "만약 나를 해고하게 된다면 이유가 뭘까요?"

나는 이렇게 답했다. "좋은 질문이네요. 생각해봅시다. 횡령

이나 성희롱, 비밀유지 위반은 확실히 해고 사유죠. 그리고 이런 경우에 당신을 해고할 거예요. 우리가 무언가 잘못된 일을 진행하고 사후조치를 취하고 있는데 당신이 이렇게 말하는 거죠. '아, 나는 문제가 있다는 걸 알고 있었는데 아무도 묻지 않더라고요.' 그러면 나는 아마도 당신을 주차장으로 데리고 가서 차로 밀어버릴 거예요. 왜냐하면 당신이 무언가 잘못됐다는 걸 알고도 그게 계속되도록 내버려 뒀기 때문이죠."

솔직함에 대한 또 한 가지 핵심은 쌍방향으로 실천해야 한다는 것이다. 상사는 부하직원들에게 질문을 하지 않거나 정보를 말하지 않고 갖고 있으면 안 된다는 얘기를 반드시 해야 한다. 리더는 직원들이 소리 높여 말하기를 원하고, 나쁜 뉴스나 당신에게 반대한다는 말도 직접 들을 수 있어야 한다. 그 점을 말로만이 아니라 행동으로 보여줄 수 있는 모델을 만들어야 한다. 그러지 않으면 대부분의 사람은 당신에게 절대 마음을 열지 않을 것이다. 글로벌 리서치 기업인 딜로이트Deloitte에서 여러 분야의 기업을 대상으로 한 조사●에 따르면, 회사에 손실을 가져올 수 있는 문제에 대해 침묵한다고 답한 직장인이 무려 70

● 마크 J. 코티리어와 티모시 머피, "나쁜 뉴스 무시하기: 사탕발림 등 부정적인 메시지를 피하는 데 영향을 주는 행위적 요소", 딜로이트대학출판 백서, 2015년, https://dupress.deloitte.com/content/dam/dup-us-en/articles/business-communications-strategies/DUP_1214_Ignoring BadNews.pdf, page 10.

퍼센트에 달했다.

당신이 회의 중에 어떤 결정을 막 내리려 한다고 해보자. 당신의 부하직원 중 한 명이 지난 몇 달 동안 점심을 함께 먹을 때마다 그것이 얼마나 어리석은 아이디어인지에 대해 늘어놨다. 하지만 당신이 회의를 마치려 할 때까지 정작 그 직원은 입을 열지 않았다. 당신은 그를 불러 말해야 한다.

"우리가 결정을 내리려고 한다는 걸 알고 있으면서도 당신은 한마디도 하지 않는군요. 넉 달 동안 그렇게 반대를 부르짖더니 마음이 바뀐 건가요, 아니면 내가 듣지 않을 것 같다고 생각하는 건가요?"

당신은 직원들이 용기를 보여주도록 독려해야 한다. "나는 솔직히 그게 좋은 생각은 아닌 것 같아요. 이유는 이거예요"라고 말하는 용기를 말이다.

물론 당신과 동등한 위치에 있는 동료 또는 상사로부터 솔직한 조언을 구할 수도 있지만 부하직원으로부터도 조언을 얻을 수 있다. 왜냐하면 누구라도 언제나 옳을 수는 없으며, 옳았다는 것에 만족하는 것은 더더욱 위험하기 때문이다. 나는 '만족'의 엄청난 팬이었다. 내가 옳다고 느끼는 것도 좋아했다. 내가 리드나 그 밖의 경영진이 결정한 아이디어가 별로라고 말했을 때, 결국 내가 옳았다는 것이 드러나면 큰 즐거움을 얻곤 했다.

한번은 리드가 내게 이메일을 보내 "당신이 맞았어요. 내가 틀렸어"라고 한 적이 있다. 나는 그것을 프린트해서 지갑에 넣고 다녔다. 거의 3년에 한 번꼴로 일어나는 일이기에 나에겐 큰 의미가 있었다. 그리고 나서 어느 날 얘기를 나누던 중에 리드가 "당신이 옳았어. 이 건에 대해선 내가 틀렸어요"라고 말했다. 이번에는 기분이 좋지 않았다. 대신 나 자신에게 매우 화가 났다. 내가 좀더 일찍, 더 효과적으로 내 주장을 입증하지 못했기 때문이다. 그 후로 어떻게 하면 내가 더 나은 주장을 펼칠 수 있을지 고민하게 됐다.

리더가 자신이 틀릴 수도 있다는 가능성을 열어둘 뿐 아니라 틀렸음을 인정하는 모습, 더욱이 공개적으로 인정하는 모습은 직원들에게 강력한 메시지를 보낸다. "더 소리 내 말하세요! 자신의 주장을 강력히 제시하세요!"

테이블에 모든 카드를 올려놓게 하는 가장 좋은 방법은 말을 꺼낸 사람이 기가 꺾이지 않고 더 분발하는 모습을 보여주는 것이다. 리드는 이걸 매우 잘했다. 톰 윌러러가 서른다섯 명 정도의 사람들이 참석한 팀회의에서 리드에 반대했던 때의 이야기를 나는 사랑한다.

페이스북이 뉴스피드에 '마찰 없는 공유frictionless sharing' 기능을 시작했을 때다. 사람들이 읽는 것이나 보는 것, 그리고 어떤 이벤트에 갈 건지 등에 관해 다른 인터넷 사이트나 서비스에 올린 게시물도 마찰 없이 뉴스피드에 공유되도록 하는 서비스다. 리드는 페이스북의 인기에 편승해 넷플릭스 가입자들이 '무엇을 시청하고 있는지'에 대한 정보를 페이스북 페이지에 바로 올릴 수 있도록 하는 데 열중했다. 하지만 톰은 가입자들에게 어떤 정보를 공유할지 선택할 수 있는 권리가 주어져야 한다고 말했다. 리드가 즉각 반대하고, 두 사람은 팀원들 앞에서 격렬한 논쟁을 했다. 톰은 가입자들이 선택권을 가지길 원한다는 설문조사 결과를 언급했다. 결국 어떤 접근법이 더 좋은지 보기 위해 A/B 테스트를 하기로 했다. A/B 테스트로 얻은 데이터로 톰이 옳았다는 것이 밝혀지자 리드는 당시 회의 참석자들 앞에서 공개적으로 인정했다. "보세요, 난 이것에 반대해 열심히 논쟁을 벌였습니다. 하지만 톰이 옳았어요. 톰, 잘했어요!"

톰은 넷플릭스를 떠나 코세라에서 최고제품책임자로서 자신이 잘못 내린 판단에서 얻은 교훈을 얘기했다. 그는 자신이 코세라로 가져간 '대단한 아이디어'가 얼마나 형편없는 것이었는지를 기쁘게 말했다. 그는 '밝게 빛나는 넷플릭스의 배경'을 등에 업고 갔기 때문에 코세라가 주 7일 24시간 방식의 수업 스트리밍 서비스를 시작해야 한다고 확신했다. 사람들이 원하면 언제든지 과정을 시작할 수 있어야 한다는 뜻이었다. 하지만 교수들은 오프라인 대학과 마찬가지로 학기가 시작될 때만 과정을 시작할 수 있어야 한다고 주장했다. 학생들이 온라인 수업을 시작하고 계속하도록 동기를 부여하는 데드라인이 필요하다는 주장이었다. 톰은 그 접근법이 시대에 뒤떨어졌다고 생각하고 주 7일 24시간 방식으로 몇 개의 수업 스트리밍 서비스를 강행했다. 멋진 인터페이스도 새로 디자인했다. 어떻게 됐을까. 더 많은 사람이 수업을 듣기 시작했지만 마치는 사람은 더 적었다. 그것은 코세라로선 큰 문제였다. 코세라의 비즈니스 모델은 단순히 많은 수업을 제공하는 것이 아니라 사람들이 실제로 공부하고, 학점을 받는 것이었기 때문이다.

교수들이 옳았다. 공부를 할 때 데드라인을 엄격하게 설정하는 것이 중요했다. 하지만 톰이 완전히 틀린 것은 아니었다. 궁극적으로 더 많은 테스트를 거쳐서 회사는 '혼합 모델'을 찾아냈다. 2주마다 과정을 시작하고 과제 제출 기한을 정하는 방식이다. 학생들은 진도를 못 따라가면 2주 안에 다시 과정을 시작할 수 있다.

이건 정확히 아래로부터 진행된 솔직한 의견 제시와 반론의 예다. 수많은 회사에서 억누르고 있는 것이기도 하다. 리서치 업체인 CEB의 조사 결과 '솔직한 피드백'을 활발히 만들어내고,

더 개방적으로 소통하는 기업이 10년이란 기간을 놓고 보면 더 많은 이익을 거둔 것으로 나타났다. 놀랍게도, 그 기간에 이들 기업이 거둔 이익은 나머지 기업보다 270퍼센트 더 많았다.●

터놓고 공유하면
함께 책임질 수 있다

|

투명성은 직원들이 자신이 지지해온 입장에 책임을 지게 하는 데에도 도움이 된다. 사건이 이미 벌어져 어쩔 도리가 없는 상황에서 최소한 비난하는 무리에 끼지는 않게 한다. '그러게 내가 뭐랬어'라고 생각하는 건 재미있을 수도 있다. 하지만 문제를 생산적으로 해결하는 데에는 독이 된다.

넷플릭스에서 겪은 가장 심각한 실패 중 하나는 비즈니스를 DVD 대여 서비스('퀵스터Qwikster'라고 불렀다)와 스트리밍 서비스(넷플릭스 이름을 그대로 썼다)로 쪼갠 결정이었다. 그렇게 함으로써 동시에 각각의 구독률을 늘리려고 했지만, 결과는 재앙이었

● 할리 복, "솔직함이 성공하는 조직의 비법이 되는 이유", 컨퍼런스 보드, 2013년 6월 14일, www. conference-board.org/blog/post.cfm?post=1897.

다. 소비자들은 분개했고, 넷플릭스는 몇 개월 만에 공개 사과를 하면서 서비스를 되돌렸다. 비난이나 '그러게 내가 뭐랬어' 식의 압박이 전혀 없었다고 말하진 않겠다. 경영진은 그 전략에 동의해왔으니 논외로 하고, 나머지 모든 사람에게는 반대할 기회가 있었다. 그 무렵 임원으로 승진한 로셸 킹은 이 문제에 대해서 내가 그녀에게 말한 것을 떠올렸다.

"흥미로운 것은 그 후에 회사가 어떻게 움직였냐는 거예요. 우리는 협력해서 굉장한 일들을 해냈고, 모든 부문의 부사장들이 무엇을 할 것인지를 충분히 생각했습니다. 우리 전부는 전략에 대해 완전히 알고 있었어요. 투명성의 문화 덕분에 회사에 일어난 일에 대해서 전원이 책임을 졌던 거죠."

익명의 조사는
엇갈린 메시지를 보낸다

앞서 얘기했듯이, 엔지니어들은 익명의 피드백 시스템에 반기를 들었다. '누가 기여했는지를 공개하는 것'의 가치에 벗어난다는 이유에서다. 이것이 내가 엔지니어들을 좋아하는 이유 중 하나다. 그들은 코드를 쓸 때 아주 적은 분량의 작업에도 명확히 자신을 드러내는 표식을 해둔다. 각자가 좋은 코딩뿐 아니라 실수도 찾을 수 있도록 하는 것이 모두가 더 나은 프로그램을 짜는 데 도움이 된다는 것을 알기 때문이다. 그들이 우리의 피드백 시스템을 고치도록 밀어붙인 것은 옳았다. 누가 지적했는지 알 수 있게 되자 더 사려 깊고 생산적인 피드백이 나왔다. 직원들에게 익명이 허용될 때 더 진실해질 것이란 게 일반적인 생각이지만, 내 경험으로 볼 때 전혀 그렇지 않다. 진실한 사람들은 모든 일에서 진실하다. 그리고 만약 당신이 피드백을 준 사람이 누구인지 모른다면, 그들이 하는 일이나 조직에서의 위치 등 어떤 맥락에서 지적이 나왔는지 이해할 수 있겠는가? 익명의 조사가 가지는 가장 큰 문제는 직원들에게 자신이 누군지를 숨길 수 있을 때 가장 솔직해질 수 있다는 인식을 심어 준다는 점이다.

최근 한 인재관리 담당 이사와 얘기를 나눴다. 그녀는 자신의 회사에서 직원들의 직무만족도 조사 결과를 막 받았다며, 조사 결과와 관련한 인재관리 계획에 대해 이야기했다. 나는 회사가 익명의 직무만족도 조사를 하기 위해 외주를 주었느냐고 물었다. 그녀는 그렇다면서 그것이 얼마나 중요한지를 알기 때문에 경영진이 돈을 투자했다고 말했다. 나는 설문을 누가 만들었는지도 물었다. 그녀는 이미 만들어진 소프트웨어 중 하나를 구입해 사용한다고 답했다. 나는 "그 설문지 더미 속에는 당신에게 뜬금없는 불평을 늘어놓은 답안이 꼭 있을 거예요. 맞죠?"라고 말했다. 그녀는 정말 그렇다고 답했다.

익명의 조사, 더욱이 이미 작성된 질문지를 사용한 설문조사로는 양질의 정보를 얻지 못한다. 만약 직원들이 생각하는 것이 무엇인지 알고 싶다면 그들을 직접 만나 물어보는 것 외에 더 좋은 대안은 없다. 그 회사엔 일흔 명의 직원이 있었다. 그들을 열 명씩 7개의 그룹으로 나눠서 생각을 들어볼 수도 있었을 텐데 안타깝게도 그러지 않았다.

당신의 직원들은 직설적인 피드백, 그리고 진실을 감당할 수 있다. 당신도 그렇다.

이 장의 핵심

▶ 직원들은 사업에 대해서도, 자신들의 성과에 대해서도 진실을 듣고 감당할 수 있다. 진실은 그들이 필요로 하는 것일 뿐 아니라, 유일하게 원하는 것이기도 하다.

▶ 시의적절하게 얼굴을 맞대고, 문제라고 인식한 것에 대해 진실을 얘기하는 것이 문제를 해결하는 가장 효과적인 방법이다.

▶ '극도의 솔직함'을 실천하는 것은 긴장을 누그러뜨리고 뒤에서 험담하는 일을 막는다. 그러면 구성원 간에 이해와 존중의 문화가 구축된다.

▶ '극도의 솔직함'은 중요한 통찰력으로 이어질 수 있는 반대 의견을 속으로만 갖고 있지 않고 공유하게 한다.

▶ 직원들의 성과와 관련하여 부정적인 피드백을 주는 것에 실패하면 관리자 자신만이 아니라 나머지 팀원들에게 과도한 부담을 떠안기게 된다.

▶ 전달하는 방식이 중요하다. 리더들은 비판적인 피드백을 주는 연습을 해야 한다. 피드백은 구체적이고 건설적이며 심사숙고한 결론이라는 인상을 줘야 한다.

▶ 동료들이 서로에게 비판적인 의견을 내놓을 수 있는 시스템을 구축하라. 넷플릭스는 성공적인 시스템을 만들었고, 회사 전체적으로 직원들이 누구에게나 코멘트를 공유할 수 있는 '연례 피드백 데이'를 제도화했다.

▶ 당신이 틀렸을 때 공개적으로 인정하는 모범을 보여라. 아울러 당신의 결정을 검토하고 어디가 틀렸는지 말해라. 그렇게 하면 당신의 주장을 정면으로 반박하는 것이라 할지라도 직원들이 아이디어와 반대 의견을 당신과 공유하게 된다.

리더에게 필요한 질문

- 팀원들에게 현재 사업 전망과 직면한 어려움에 대해서 얼마나 공개하는가? 모든 직급의 직원들이 앞으로 6개월 동안 회사가 직면하게 될 도전에 대해서 알고 있는가?

- 직원들은 팀회의 중에 권한을 가진 누군가가 낸 의견에 당당히 반대할 수 있는가? 팀원 전체가 있는 자리에서 공개적으로 그렇게 하는 것을 본 적이 있는가?

- 팀원 중에 아이디어나 우려 사항을 거의 말하지 않는 사람이 있는가? 의견을 말하는 것에 대해 그들과 얘기해본 적이 있는가?

- 비즈니스 문제를 다루면서 당신이 저지른 실수를 팀원들에게 공개적으로 말했던 때가 최근 언제인가?

- 당신의 팀원 중 성과를 내지 못하는 직원과 그 문제에 대해서 진지하게 상의하고 있는가? 그 직원의 성과 문제가 나머지 팀원들에게 어떤 영향을 미치고 있다고 생각하는가?

- 직원들이 자신이 어떻게 일하고 있는지, 성과에 대해 구체적인 문제들까지 이해하고 있다고 생각하는가?

- 당신의 팀이 회사의 다른 영역에 있는 직원들로부터 피드백을 받는 것이 얼마나 가치 있다고 생각하는가? 직무를 넘나들면서 의견을 공유하게 할 방법이 있는가?

NETFLIX

POWERFUL

4장

격렬하게 토론하라

팩트를 근거로 의견과 주장을 강하게 피력하라.
사업상 결정에 관해 격렬하고 공개적인 토론을 하라.
오직 비즈니스와 고객을 위해서만 토론하고,
토론에 임할 때는 사심을 버려라.

넷플릭스 경영진은 맹렬했다. 우리는 다른 사람의 관점을 알아내기 위해 아름답고 지적인 방법으로 토론했다. 동의하지는 않더라도 정말 똑똑하다고 생각하는 그 사람이 왜 그런 생각을 하는지를 이해하고 싶었기 때문이다. 동료가 무엇을 근거로 그렇게 생각하는지를 알아내고자 하는 순수한 열망과 서로의 지적 능력에 대한 존경은 팽팽한 토론을 이끈다. 또한 생산적이고 어른스러운 방식으로 토론이 이뤄지도록 하며, 종종 매우 다채로운 모습을 보여주기도 한다. 경영진은 여러 포럼에서 직원들이 이렇게 활발하게 질문하고 공개적으로 토론하는 것을 모델화했다.

　도전 과제들이 격렬하고 긴급하게 닥쳐왔음에도 넷플릭스가 계속해서 진화하고 번영할 수 있었던 주된 이유는 아마도 직원들에게 끊임없이 "그게 사실이라는 것을 어떻게 알 수 있나요?"라고 물어보게 했기 때문일 것이다. 이 질문을 조금 바꾸면 "당신이 그게 사실이라고 믿게 된 이유를 설명해줄 수 있나요?"가 된다.

한때 우리는 버퍼링 시간(비디오를 클릭한 이후 영상이 재생될 때까지 걸리는 시간)을 줄이기 위해 고군분투했다. 오직 엔지니어들만이 진짜로 이해할 수 있는 끔찍한 문제였다. 우리는 영업이나 마케팅 직원들에게 "제발 그 빌어먹을 버퍼링 문제를 좀 해결해주시죠"라는 식으로 엔지니어들을 향한 분노를 드러내는 것은 좋지 않다고 말했다. 대신 "버퍼링이 왜 이렇게 오래 걸리는지 이해할 수 있도록 도와주세요"라고 요청해야 한다. 우리는 그런 질문이 정말로 필요하다고 여겼다. 직원들이 누군가 다른 사람이 씨름하고 있는 문제에 대해 진심으로 호기심을 갖고 질문한다면 상당한 '이해의 가교'가 만들어질 수 있다. 버퍼링 문제에 대한 답은 비기술 분야 직원들에겐 매우 놀랄 만한 일일 수 있다. 그들은 엔지니어들이 어떤 벅찬 도전을 해결해야 하는지에 대해 전혀 알지 못하기 때문이다.

이런 질문은 시간이 지날수록 호기심과 존중하는 마음을 길러주고, 팀과 업무 기능을 넘나들며 서로 배울 수 있도록 이끌어준다. 또한 모든 뜬소문이나 비공식적인 통로를 통한 일그러진 소통을 막을 수 있다. 어느 날 한 엔지니어가 마케팅 관리자에게 진정성을 가지고 이렇게 물어봤을 때 나는 무척 뿌듯했다. "당신이 고객을 확보하기 위해 700만 달러를 썼다고 들었는데, 이게 어떻게 운영됐는지 말해줄 수 있나요?"

새로 들어온 관리자들은 이런 실천사항에 익숙해지기까지 얼마간 시간이 걸린다. 대단한 경력을 가진 한 관리자가 새로 왔는데, 전체회의에서 팀원들에게 자기소개를 했다. 그런 다음 팀의 현안에 대해 이야기를 시작했는데, 한 엔지니어가 손을 들고 이렇게 말했다.

"당신이 우리와 함께해서 대단히 기쁘고 당신에게서 배울 게 많다는 기대가 됩니다. 하지만 우선 우리가 이 문제를 인지하고 있고, 그것을 해결하기 위해 매우 열심히 일하고 있다는 것을 당신이 알아야 할 것 같네요."

이 새로 온 관리자는 팀이 그 문제에 대해 얼마나 경이로운 진전을 이뤘는지를 알아보려고 애쓰지 않았던 것이다.

관리자는 회의실에서 나오면서 내게 물었다. "질문한 그 남자는 누구요? 어떻게 나한테 그런 식으로 말할 수 있죠!" 나는 우리 회사 최고의 엔지니어 가운데 한 사람이라고 답했다. 또 넷플릭스는 문제를 이해한다고 가정하기보다는 당면한 문제의 본질에 대해 질문하는 것을 하나의 실천사항으로 만들었다고 설명했다. 넷플릭스 문화는 그에겐 너무나 낯설었고, 그는 얼마 안 돼 떠났다.

직원들이 질문의 가치를 인정하는 경우가 훨씬 더 많아졌다.

의견을 가져라,
그러면 대부분 옳다

|

직원들이 강하게 의견을 피력하는 것은 아무런 문제가 되지 않는다. 오히려 자신의 의견을 갖고 격렬하게 주장해야 한다. 다만, 의견은 언제나 사실에 근거해야 한다. 사실에 근거해 의사결정을 하라고 강조한다고 해서 의견의 중요성을 깎아내리는 게 아니다. 자신의 견해가 탄탄한 토대 위에 있도록 직원들이 노력하길 바란다는 의미다. 나는 종종 경영진에게 이렇게 말한다.

"의견을 가지세요, 입장을 지니세요. 그러면 대체로 옳습니다."

직원들이 사실에 근거한 사례를 가지고 자신의 논리를 옹호할 어느 한쪽의 입장에 서기를 원하지 않는다면 의견은 별 도움이 되지 않는다. 실제 사례가 얼마나 가치 있느냐가 아니라 그저 설득 능력이 탁월해 주장을 잘 펼치는 직원은 사업상 위험 가운데 하나다. 넷플릭스에도 자신의 의견을 피력하는 데 특별한 재주를 가진 직원이 있었다. 그의 말을 듣다 보면 최면에 빠지는 듯했다. 그는 설득력 있는 웅변가였고 확신에 차 있었다. 하지만 그는 대부분 틀렸다.

넷플릭스는 직원들에게 자신의 의견을 만들어가는 기준을 세웠다. 진상을 자세히 조사하고, 동의하진 않더라도 사실에 근거한 다른 사람의 주장을 열린 마음으로 듣고 의견을 펼쳐야 한다는 내용이다. 초창기 직원들은 대부분 수학자나 엔지니어였기 때문에 이런 기준을 자연스럽게 받아들였다. 그들은 과학적인 방법에 길든 사람들이다. 어떤 사실을 발견하면 그에 따라 기존 생각과 문제 해결 방식을 수정하는 것이 습관이 되어 있다. 회사가 성장하면서 다양한 사람이 채용됐고, 기술 분야뿐만 아니라 회사 모든 직원에게 사실에 근거한 과학적 사고에 집착할 것을 의식적으로 독려했다.

주의할 점은 '사실 중심'이지 '데이터 중심'이 아니라는 것이다. 최근 몇 년간 데이터 자체가 절대 진리이고 해답인 것처럼 신격화됐는데, 데이터를 비즈니스 운영에 필요한 '사실'로 여기는 것은 매우 위험한 오류다. 물론 확고한 데이터는 꼭 필요하다. 하지만 질적인 통찰력과 잘 정립된 의견은 더더욱 필요하다. 당신의 팀원들이 그런 통찰력과 견해를 가지고 공개적으로, 열정적으로 토론하도록 하는 게 중요하다.

데이터에는
견해가 없다

|

넷플릭스 설립 초창기, 데이터 사이언스 분야의 전문가를 신규로 채용하면서 굉장히 흥분했었다. 우리 모두는 고객 행동에 대한 나름의 믿음이 있었다. 초기에 우리는 스스로를 고객이라 생각하면서 그들이 어떻게 행동할지에 대해 의견을 펼쳤다. "그건 고객들이 보는 방식이 아니야. 나는 그런 건 본 적이 없어"라는 둥 의견을 주거니 받거니 했다. 이전에는 고객들에게 어떤 DVD를 보낼지, 고객 대기 목록에 무엇을 끼워 넣는지가 우리가 생각하는 것의 전부였다. 과거엔 원하는 DVD를 받아보기 위해선 다른 고객이 반납할 때까지 대기했다가 우편으로 받는 방식이었다. 인터넷 스트리밍 방식으로 전환하면서 이제는 실제 데이터가 쌓이기 시작했다. 지금 우리는 고객들이 어떤 콘텐츠를 가장 열심히 보는지도 알 수 있게 됐다. 〈스토리지 워즈Storage Wars〉나 〈스웜프 피플Swamp People〉이 그렇게 인기 있을 줄 누가 알았겠는가. 근거 없이 오래도 유지됐던 믿음을 데이터가 단숨에 깨뜨린 것이다.

데이터는 위대하고 힘이 있다. 나도 데이터를 좋아한다. 하지만 문제는 데이터에 지나치게 집착하거나 광범위한 사업 환경을 무시하고 편협하게 데이터를 보는 사람이 많다는 점이다. 그들은 데이터를 좋은 질문의 근거로 삼는 게 아니라 하나의 해답으로 여긴다.

테드 사란도스가 '데이터를 가장 잘 이용하는 방법'을 내게 알려줬다. 그는 콘텐츠팀의 의사결정은 데이터 중심이라기보다는 데이터에 기반한 정보에 근거한다고 말했다. 넷플릭스가 〈하우스 오브 카드House of Cards〉를 출시했을 때 그의 팀은 넷플릭스 시청자 정보를 능숙하게 발굴해냈다. 그 팀은 워싱턴 정가를 무대로 한 또 다른 드라마 〈웨스트윙The West Wing〉이 그랬던 것처럼, 이 프로그램 역시 출연진이 인기 있다는 이유로 승산이 있다고 결론지었다. 그런데 데이터가 많은 도움을 주긴 했지만, 이 프로그램을 결정한 더 큰 이유는 매우 유능한 데이비드 핀처가 감독을 맡았기 때문이었다. 테드는 데이터 분석에서 얻은 통찰력이 팀의 의사결정을 보완한 것은 사실이지만 데이터 자체로 결정을 내린 것은 아니라고 강조한다.

충분한 데이터가 뒷받침된 프로젝트가 실패할 수 있다는 것도 목격했다. 특정 TV 쇼나 영화를 진행할지 말지는 사실 개인적 판단에 따른 결정이다. 테드의 팀이 〈오렌지 이즈 더 뉴 블랙〉을 진행하기로 했을 때, 그들은 잘 짜인 대본을 갖춰야 한다는 지침을 무시했다. 이 쇼가 히트할 것임을 보여주는 데이터 때문이 아니라 프로그램의 감독 젠지 코한의 비전이 훌륭하다고 여겼기 때문이다. 이 프로그램은 소설에 기반을 뒀으며 많은 사람이 이를 영화화하기를 바랐다. 하지만 시청자들이 죄수들을 동정하지 않을 것이고 감옥이 밀실 공포증을 유발하는 설정이 될 수 있다는 우려의 목소리가 많았다. 코한 감독은 스토리를 확장해 재소자들이 감옥에 오기 전의 삶을 시청자들이 볼 수 있도록 구성했다. 그렇게 함으로써 철창신세를 진 많은 여성 재소자가 결코 상습범이 아니라는 것을 보여줬으며, 시청자들이 주인공들을 더욱 동정하고 일상의 이야기로 받아들이게 했다.

콘텐츠팀은 넷플릭스가 자체 제작한 프로그램에 대한 반응을 보면서 놀랐다. 어떤 쇼는 예상보다 훨씬 많은 시청자를 끌어모았고 어떤 쇼는 그 반대였다. 그들은 시청자 반응 데이터를 프로그램의 진행 방법을 결정하는 종료점으로 보지 않고, 반응을 이해하기 위해 정보를 얻는 시작점으로 삼았다. 프로그램 시청률이 답보 상태라면 그들은 이게 창의성 부족 때문인지, 아니면 마케팅이나 포지셔닝의 문제인지를 물었다.

테드는 또한 시청자 데이터가 사람들이 무엇을 보고 싶어 하는지에 대한 정보를 제한할 수도 있다고 지적했다. 넷플릭스가 해외 시장 진출을 계획하던 당시 이런 문제를 겪었다. 해외 시청자들이 무엇을 보고 싶어 하는지에 대한 기존 관념은 글로벌 박스오피스 데이터에 의해 왜곡돼 있었다. 데이터에 따르면 해외 시청자들은 미국 TV 쇼에 전혀 관심이 없는 것처럼 보였다. 하지만 데이터에는 대다수 국가에서 미국 프로그램에 대한 접근이 매우 제한적이라는 점이 반영되어 있지 않았다. 볼 기회가 없었기 때문에 관심이고 뭐고가 생길 여지가 없었던 것이다. 넷플릭스가 처음으로 프로그램을 미국 이외 지역에 제공했을 때 시청자들이 그야말로 구름처럼 몰렸다.

테드는 팀의 콘텐츠 창조 과정에 대해 이렇게 말했다.

"상당히 많은 직관력이 작동하고 있습니다. 나는 팀원들이 데이터를 읽을 수 있을 만큼 충분히 똑똑해야 하는 동시에 그것을 무시할 수 있을 만큼 직관적일 것을 기대합니다."

테드는 또한 데이터가 '책임에 대한 방패'로 이용될 수 있다고 경고한다. 데이터를 이용해 개인의 판단에 따라 결정을 내릴 책임을 비껴간다는 의미다. 사람들은 확고한 데이터에 근거해 의사결정을 하는 것을 좀더 편안해한다. 그 결정이 틀렸다고 판명 나더라도 데이터에 조금은 책임을 떠넘길 수 있기 때문이다. TV 시리즈 파일럿 프로그램이 좋은 예다. 파일럿 프로그램은 실패로 끝날지라도 제작팀이 "테스트할 때는 정말 좋았는데"라고 말할 수 있다. 시청자들의 시험을 거쳤으니 말이다. 테드의 팀은 그런 파일럿 모델을 따르지 않았다. 게다가 모든 시즌의 프로그램을 한꺼번에 제작하는 방식까지 승인했다.

사람들은 또 데이터를 적용할 때 편견을 가질 수 있다. 우리는 직원들이 다른 사람의 데이터보다 자신의 데이터를 특별하다고 여기는 경향이 있음을 목격했다. 예컨대 마케팅팀이 어떤 데이터를 끌어내면 영업팀은 또 다른 데이터를 쓰는 식이다. 데이터는 문제 해결을 위한 하나의 구성요소일 뿐이다. 모두가 같은 데이터를 가지고 있다고 해도 직원들은 엑셀 파일이 알려주지 못하는 사업의 측면에 적극적으로 도전할 필요가 있다.

대단해 보이지만 중요하지 않은 데이터를 주의하라

|

소프트웨어 엔지니어들은 내가 그들을 좋아한다는 것을 알기 때문에 끊임없이 내게 와서 신제품을 한번 보라고 얘기한다. 한번은 한 직원이 자신이 만든 인재관리 소프트웨어를 검토해주길 바랐다. 그는 화이트보드를 소프트웨어 제품 지도로 가득 채웠다. 고위 관리급에서 말단 직원에게까지 목표가 전달되는

일종의 낙수 효과를 대입한 정교한 시스템이었다. 그런데 그 거대한 데이터베이스의 모든 필드에 데이터를 입력하고 직원 평가를 하는 데 두 시간이 걸렸다. 나는 그에게 말했다.

"잠깐만, 그쯤에서 멈추는 게 어떨까요? 우리 직원들이 이 양식을 채우기 위해 두 시간이 걸린다면 나는 그 일을 대신할 또 다른 직원을 채용해야 할 것 같군요." 온라인상에서 양식을 채워나가는 것이지만 본질적으로는 서식이었다. "그리고 이게 나에게 뭘 줄 수 있지요?"

그가 말했다. "인재관리팀이 모든 데이터를 갖게 되죠."

나는 다시 물었다. "인재관리팀이 이 데이터로 무엇을 할까요?"

그가 답했다. "마침내 데이터를 손에 넣는 거라고요!"

뭐라고? 데이터를 손에 넣기 위해 무엇하러 이렇게 많은 시간과 돈을 써야 하지?

가장 큰 실수 가운데 하나는 중요하지 않은 계량에 집착하는 것이다. 직원들의 이탈 방지에 집착하는 인재관리팀이 좋은 예다. 인재관리팀은 직원들의 복지를 돌보는 부서로 여겨진다. 그래서 직원 이탈을 핵심적인 계량 지표로 삼는다. 하지만 인재관리 부서에서 무엇을 하든 50퍼센트의 직원은 언제나 회사를 떠난다.

최근 어떤 회사의 경영진을 컨설팅했을 때 한 인재관리 부문장이 내게 말했다. 직원 모두가 다른 곳에서 더 나은 조건과 연봉을 제시받는다면 회사를 떠날 것이기 때문에 직원 이탈을 막는 것을 걱정하고 있다는 얘기였다. 나는 "그게 사실이라는 것을 어떻게 알죠?"라고 물었다. 내 경험상 최고의 직원들은 특전 때문에 흔들리지 않는다. 나는 또한 직원교체율이 정말로 큰 문제인지를 물었다. 사실 그것은 상황에 따라 다르다. 많은 사람이 투입되는 3~4년짜리 프로젝트라면 직원들이 숙련되고 동화되기까지 시간이 오래 걸리기 때문에 회사를 떠나지 않고 일하기를 바랄 것이다.

그렇다 쳐도 직원들이 회사에 남아 있도록 하는 방법은 달라지지 않는다. 당신이 채용하고자 하는 분야의 문제에 정말 관심이 있는 사람이나 오랫동안 프로젝트를 담당해온 경험이 있는 사람을 선택해야 한다는 것이다. 직원들에게 네 가지 맛이 나는 음료를 제공하고 수면실을 설치하는 게 답이 아니다. 회사에는 종종 단기간만 인력이 필요한 경우가 있다. 그 일이 끝나면 직원에게 '새로운 일을 찾아 나설 때다'라고 말해주는 것이 회사나 직원 모두에게 최선이다.

계량과 관련한 또 다른 큰 실수는 데이터가 고정돼 있다고 생각하는 것이다. 계량된 숫자는 유동적이며 끊임없이 다시 질문해야 한다. 여기가 활발한 토론이 생겨나는 지점이다.

오직 비즈니스와
고객을 위해서만 토론하라
|

넷플릭스에서도 토론이 과열될 때가 종종 있었다. 하지만 비열하거나 비생산적으로 흘러간 적은 없다. 왜냐하면 전적으로 사업과 고객을 어떻게 다룰지에 대해 토론해야 한다는 기준을 세웠기 때문이다.

회사가 고객 응대에 실패하고 결국 이익을 갉아먹는 최악의 방법 가운데 하나는 데이터가 정말로 무엇을 말하고 있는지를 충분히 조사하지 않는 것이다. 회사는 종종 고객의 필요와 선호를 돌보기 위해 두 가지 선택지 가운데 하나를 골라야 한다. 두 선택지 모두 충분한 데이터가 뒷받침하고 있다면, 의사결정을 위해 데이터를 보완할 수 있는 판단이 필요하다. 넷플릭스가 고객에 집중하고, 활발하고 공개적으로 토론하기 위해 고안한 위대한 메커니즘이 있다. 바로 '컨슈머 사이언스 미팅 Consumer Science Meeting'이라고 불리는 월례 포럼이다. 그 이름은 '컴퓨터 사이언스'에서 따왔는데, 넷플릭스가 데이터 집중분석의 혁신가이며 컴퓨터 시스템이 고객만족 서비스를 담당하고 있다는 것을 말해주기 위해서다. 리드는 물론 마케팅과 제품 부문장이 항상 미팅에 참석했고 종종 LA에 있는 콘텐츠팀도 넘어왔다. 나도 거의 참석했다. 이 미팅은 매우 유용한 정보가 많아서 선도적인 사업개발을 지속해나가는 데 도움이 됐기 때문이다.

미팅의 목적은 지난달 시험한 모든 소비자 테스트 결과를 발표하고 이번 달에 계획된 구상을 토론하는 것이다. 테스트를 고안하고 운영하는 직원들이 발표를 하면 경영진이 지난 결과 및 계획의 근거에 대해 집중적으로 질문한다.

스티브 맥렌던Steve McLendon은 책임이 막중한 자리에 있었다. 그는 출판 마케팅에서 커리어를 시작했고 소비자 테스트와 관련된 여러 마케팅 그룹에서 줄곧 승진했다. 그는 뛰어난 성과를 바탕으로 제품혁신 부문 이사로 발탁돼 넷플릭스로 왔다. 넷플릭스에 합류했을 때 그는 자신이 물 밖으로 나온 고기 같았다고 말했다. 산타크루즈에서 작은 정기 간행물용 광고 영업을 했을 뿐 넷플릭스 비즈니스와 같은 격렬한 경험을 한 적이 없었기 때문이다. 애초에 넷플릭스에서도 인쇄 광고를 담당했다. 인쇄 광고는 호황을 누리는 온라인 광고에 비하면 낡은 사업부문이었다. 그는 또한 천성이 느긋한 사람이었다. 나는 컨슈머 사이언스 미팅에서 질문 세례에 직면했을 때 그의 반응이 어떨지 궁금했다. 그는 그것이 얼마나 스트레스로 다가올지에 대해선 개의치 않았다. 그의 주된 요점은 이랬다.

"그 미팅에서는 구조화된 방식으로 사물을 생각하고, 자신이 받게 될 질문을 예상하고, 가능한 한 속으로 삭이면서 주장을 펼치는 법을 배우게 됩니다."

그는 마케팅과 제품 부문장이 모두 참석했기 때문에 양쪽 측면에서 생각하는 법을 배웠다고 말했다.

고객 대응과 관련한 모든 의견 불일치는 컨슈머 사이언스 미팅에서 비로소 실마리를 찾았다. 직급이 높든 낮든, 경험이 많든 적든 누구라도 오직 자신의 경험과 영특함에 기초해 고객의 필요와 바람을 충분히 이해할 수 있다는 점을 강조하며 토론에 임했기 때문이다. 우리는 종종 결과에 대한 예상을 놓고 뚜렷한 균열 양상을 보이는 테스트를 할 때도 있다. 가장 논쟁이 컸던 테스트 중 하나는 대기 시스템의 특성과 관련된 것이다. 데이터 분석 결과 고객들은 DVD 대기 목록을 좋아했다. 대기는 고객 충성심의 원동력이자 브랜드 가치를 구축할 기회였다. 그러나 일단 스트리밍 서비스로 전환하면서 더는 대기할 필요가 없어졌다. 누구든지 원하는 콘텐츠를 언제라도 스트리밍할 수 있기 때문이다. 그렇다면 이제 고객에게 사랑받아온

'대기 목록'을 없애야 할까? 의견은 양쪽으로 엇갈렸다.

우리는 데이터를 놓고 토론을 벌였다. 고객 조사 결과 상대적으로 소수가 대기 목록을 없애는 것을 완강하게 반대했다. 그러나 A/B 테스트는 고객 이탈 방지나 영화 및 TV 쇼 시청 횟수, 고객만족 데이터 측정에서 실질적인 차이가 없다는 결과를 보였다. 우리는 결국 대기 시스템을 폐지하기로 했다. 스트리밍 서비스의 질적 향상을 이룰 수 있으리라 판단해서다. 초기엔 소수 열성 팬이 반대 목소리를 냈지만 이후 변화를 받아들였다.

스티브 맥렌던은 직관에 어긋나는 테스트 결과를 보인 또 다른 사례를 떠올렸다. 고객의 회원 가입 과정과 관련된 것이다. 그동안 끊임없이 회원 가입 과정에 대한 테스트를 했지만 이번만큼은 특별히 논쟁이 됐다. 초기 가입 시 걸림돌로 여겨지는 신용카드 정보를 요구하지 않으면 무료 시험판 가입자 수가 늘고 궁극적으로 구독자로 이어질 수 있다는 가정을 세웠다. 스티브는 구독자 수가 급격히 증가할 거라고 극구 주장했지만 결과는 최악이었다. 오히려 구독자 수가 절반으로 곤두박질쳤다. 그는 너무 충격을 받아서 테스트를 다시 해보기를 원했다. 결과를 놓고 토론을 벌이면서 우리는 진입장벽을 제거하려고 노력한 결과가 역설적으로 고객들에게 회원 가입 과정을 두 번

거치도록 했다는 것을 깨달았다. 고객 중심의 토론이 아니라 누구의 주장이 옳으냐가 핵심이 되어버린 것이다.

사심이 없다는
평판을 얻어라

|

경영진은 언제나 격분한 부서장들 간에 벌어지는 가상의 전쟁에 대해 얘기한다. 그들은 비생산적인 논쟁이나 심지어 내분으로 치닫지 않고서는 핵심 사업의 문제에 대해 공개 토론을 벌이는 것을 생각조차 할 수 없는 사람들이다. 당신과 내가 어떤 것에 동의하지 않고 격전을 벌인다면 나는 아마도 당신이 자존심이나 부서 이익, 선입관 때문에 싸우고 있다고 생각할 것이다. 그래서 당신을 말로 꺾을 영리한 방법을 생각해낼 것이다. 하지만 당신이 고객과 회사의 이익을 위해 싸우고 있다고 생각한다면 나는 당신의 말에 좀더 귀를 기울이게 될 것이다. 인간의 본성이 그러한지라, 컨슈머 사이언스 마케팅에서도 야단법석을 떨다가 주장을 위한 주장으로 흘러가는 일이 생기곤 한다. 하지만 그럴 때마다 누군가가 "그래서 이게 고객에게 어떻게 도움이 된다는 거죠?"라고 끼어들어 논쟁이 샛길로 새는 것

을 막을 수 있었다.

당신이 주장을 펼칠 때 사심이 없다는 것을 드러낼 수 있는 또 다른 방법은 문제 해결에 기여한 다른 사람을 열렬히 인정하는 것이다. 이것 역시 리드가 모범을 보였다. 존 치안커티John Ciancutti는 이를 특별히 효과적으로 보여주는 사례를 기억해냈다. DVD 시절 대기 시스템이 필요했던 이유 가운데 하나는 재고관리와 빠른 배송이 매우 어려운 일이었기 때문이다. 당시 하루에도 수백만 개의 DVD 영화가 들어오고 나갔다. 넷플릭스는 전자상거래 업체 아마존보다도 더 많은 아이템을 배송했다. 따라서 우리는 배송뿐만 아니라 회수한 뒤 다시 빠르게 재배분하는 역량을 키워야만 했다. 특정 DVD가 각기 다른 배급 센터에서 불균형을 보이는 것, 다시 말해 어떤 지역에 재고가 쌓이는 것이 주된 문제로 꼽혔다. 존은 그 문제를 해결하기 위해 아이디어를 냈다.

"재고가 왜 쌓이는지에 대한 나름의 이론을 가지고 있었습니다. 이를 몇 번 적용했지만 효과가 나타나지는 않았죠. 다른 시도도 수차례 했습니다. 그런데 한참 뒤 회의에서 리드가 절박하게 손을 들며 '이제 치안커티 씨의 아이디어를 시도해보자'라고 말하더군요. '무슨 아이디어요?' 정작 아이디어를 낸 나는 잊고 있었지만 리드는 기억하고 있었습니다."

팀은 그 아이디어를 실행에 옮겼고 효과가 나타났다. 리드는 존의 얘기를 주의 깊게 듣고 이를 자기 것으로 만들었기 때문에 원안자조차 까먹고 있던 아이디어를 기억해낼 수 있었다.

"그게 바로 리드가 보여준 일종의 존중이었습니다. 그는 누구도 좋다고 생각하지 않은 아이디어에 귀를 기울이고 있었던 거죠."

이 일화는 심지어 열정적이고 사심이 없는 토론 과정에서도 종종 좋은 아이디어가 묻힐 수 있다는 것을 보여준다. 가장 시선을 끌고 팩트에 기반한 주장도 틀릴 수 있음을 인식하는 것이 너무나 중요한 또 다른 이유다. 팩트에 근거했다는 것이 '사실'과 동격이 아니라는 얘기다. 이는 결론을 다시 뒤집어보는 것이 얼마나 중요한지를 다시 한번 생각하게 한다. 끝장 토론을 거쳐 얻은 결론도 때때로 검토하고 다시 토론해야 한다.

당신이 원하는
토론 기회를 마련하라

한때 넷플릭스에서는 고객을 어떻게 바라봐야 할지를 놓고 콘텐츠 부문장과 마케팅 부문장 간에 극심한 의견 대립이 일어난

적이 있다. 둘 다 심지가 굳고 각자의 의견에 대한 충분한 근거가 있었기 때문에 난투로 치달았다. 리드는 현명한 해결책을 냈다. 그는 그 둘이 마주 보고 앉아 공개 토론을 하도록 자리를 마련했다. 나머지 경영진은 관중이 됐다. 신의 한 수는, 서로가 상대방의 편에서 주장하도록 한 것이다. 토론에서 이기려면 상대편의 입장이 돼야 했다.

리드는 이런 공개 토론을 제품개발팀을 위한 정례 실천사항으로 만들었다. 그는 넷플릭스 극장에서 한 달에 한 번 회의를 열었다. 모두가 벤치에 앉아 지켜보는 포럼 형식이었다. 그는 사전에 몇몇에게 특정 사안에 대해 상대편의 입장에서 주장을 펼칠 것을 요청했다. 에릭 콜슨은 이렇게 회상했다.

"정말로 논증이 충분한 주장들이었습니다. 극장에 앉아서 '맞아, 이렇게 해야 해'라고 생각할 때면 리드가 '이제 반대편의 주장은 무엇이죠?'라고 말했죠. 다른 사람의 주장을 듣고 나면 우리는 또 고객을 끄덕이며 '맞아, 당연히 저렇게 해야 해'라고 생각했죠. 어려운 문제일수록 결코 한쪽 주장만 있을 수 없음을 확실히 배웠습니다."

이런 미팅에서는 팀을 서너 개의 작은 그룹으로 쪼개 문제 접근법에 대해 토론하게 하고 해결책을 발표하도록 할 수 있다. 토론 주제의 전문가들은 골고루 퍼져 토론에 참여해야 한다. 이들이 과도하게 여론을 주도해 나머지 사람들이 뒤에 머물지 않도록 하기 위해서다. 소그룹으로 쪼개 토론하는 것도 좋은 방법이다. 우선, 대규모 그룹에서 팽배해지기 쉬운 집단적인 생각을 축소시키고 모두가 목소리를 내어 말하도록 한다. 소규모 그룹에서는 가만히 입을 다물고 있기가 어렵기 때문이다. 또한 각기 다른 실무 그룹의 사람들이 서로의 성격과 사고방식을 알게 한다. 전문지식의 위험성을 상쇄해주는 것은 덤이다. 에릭은 이렇게 말했다.

"전문가의 약점은 그들이 현 상황의 한계를 너무나 잘 알고 있다는 것입니다. 오히려 새로운 시각을 가진 사람은 전혀 모르기 때문에 때론 한계를 벗어난 해결책을 발견할 수 있습니다."

당신도 이 같은 훌륭한 대화의 장을 만들 수 있다. 올바르게 대화를 설정하고, 단순히 이기기 위해 주장을 펼치는 것이 아니라 모두가 고객과 회사를 위한 최선의 답을 찾고 있다는 것을 확실히 하는 데 시간을 조금만 들인다면 말이다. 이를 위해선 상황을 만들어줘야 한다. 그룹이 무엇을 결정할지와 대화의 이유를 명확히 해야 한다. 토론이 주제에서 벗어나거나 누군가가 고집스럽게 버틴다면 당신은 이렇게 말하면서 끼어들 수 있다.

"우리가 여기에서 해결하려고 하는 문제가 무엇이죠?" 또는 "그게 사실이라고 믿게 된 이유가 무엇인가요?"

토론이 이런 기준을 지키고 건전하게 흘러가도록 하는 가장 좋은 방법은 그룹 구성원들 앞에 토론 무대를 만드는 것이다. 특히 경영진 사이에서 의견 불일치가 이어지는 일이 많다. 그런 의견 차이가 경영진 밑에 있는 사람들이 이해하고 의견을 내야 하는 가장 중요한 문제들인 셈이다. 공식적인 토론 무대는 어떻게 하면 좋은 토론이 이뤄지는가를 모델화한 것이다. 물론 직원들에게는 어려운 일일 수도 있다. 그날 하루를 통째로 빼앗길 수도 있다. 사실을 정리하고 문제 해결에 특별한 재능이 있는 똑똑한 사람일지라도 사람들 앞에 서는 것은 어려운 일이다. 하지만 시간이 지날수록 생기를 얻고 최선의 결정이 도출되는 것에 감사하게 된다.

게다가 회사가 직면한 가장 중요한 문제에 대한 토론을 지켜보고 참여하는 것보다 직원들이 더 많이 배우고 성장할 기회가 무엇이 있겠는가. 회사에서 가장 훌륭한 사람들과 최고의 자격을 갖춘 전문가들이 함께한다면 말이다. 이는 직원들에게 탁월함이 무엇인지, 좋은 주장이 어떤 것인지, 강력한 논거를 제시하려면 무엇이 필요한지를 보여주는 방법이다. 또한 가장 능력 있는 직원이 누구인지를 발견할 좋은 기회도 된다. 컬처 데크에

써놨듯이 넷플릭스가 채용하고 승진시키길 원하는 사람들의 핵심 자질 가운데 하나가 탁월한 판단력이다. 요컨대 모호한 조건에서 좋은 결정을 내리고, 문제의 원인을 깊이 파고들고, 전략적으로 사고하고, 생각을 분명히 표현하는 능력이 필요하다는 뜻이다. 활발한 공개 토론보다 이런 기술을 더 잘 연마할 수 있는 길은 없다. 이는 우리가 기대하는 또 다른 핵심 경쟁력인 '용기'를 발전시킨다. 누군가가 자신의 의견을 들어주고 자신이 영향을 끼칠 수 있다면, 더욱 대담하게 목소리를 높이게 된다.

스티브 맥렌던은 공개 토론의 또 다른 보상이 있다고 주장했다. 바로 많은 관리자들이 너무 도전적이라고 여기는 '밀레니얼'로 불리는 젊은 직원들이 공개 토론이 갖는 투명성을 좋아하고 불나방처럼 질문을 쏟아낼 기회가 된다는 점이다. 스티브는 넷플릭스 전 동료인 존 치안커티, NPR의 〈플래닛 머니Planet Money〉 진행자였던 스티브 헨Steve Henn과 공동으로 개인화된 오디오 콘텐츠의 스트리밍 서비스를 하는 스타트업 60dB를 창업했다. 60dB 설립을 위해 넷플릭스를 떠난 뒤 스티브 맥렌던과 존 치안커티는 그곳에서 넷플릭스식 질문 세례와 공개 토론 방식을 제도화하려고 했을 때 고위급 관리자들의 저항에 부딪혔다. 이직한 다른 넷플릭서들도 그런 경험을 했다(두 명의 전직 넷플릭서가 합류한 회사의 CEO를 컨설팅할 때 그는 그들의 질문 세례에 짜증을 억제하지 못하고 내게 소리쳤다. "빌어먹을 넷플릭스 사람들은 모든 것을 알고 싶어 해! 빌어먹을, 이제 자기들 일도 아닌데 말이야!"). 스티브는 직원들 앞에서 논쟁하는 것은 부모가 싸우는 것을 보는 것과 같기 때문에 좋지 않다는 얘기도 들었다. 그러나 그는 이렇게 말했다.

"넷플릭스 문화는 낡은 '톱다운' 방식보다 젊은 직원들을 관리하는 데 훨씬 적합합니다."

그는 스타트업들이 대개 그렇듯 젊은 직원을 많이 채용했다. 그들이 사업 전체에 대해 배우기를 원하며, 투명성이 그들에게 울림을 준다는 사실을 발견했다. 젊은 직원들은 미래의 대세다. 그들의 지적 갈증을 활용하는 방법을 이해하는 것은 모든 비즈니스 리더들의 관심사다.

나는 앞서 갈등 해결과 경영관리 강의 같은 형식적인 직원 역량 개발 프로그램의 제한된 가치에 대해 경고했다. 직원들이 그런 강의에서 얻게 될 것과 그들이 사업 결정에 관한 토론에 참여하면서 배우게 될 것은 비교가 안 된다. 당신 회사에서 누구든 잡고 물어보라. 협상 관련 세미나에서 하루를 낭비할 것인가, 아니면 아무런 페널티 없이 고위급 관리자에게 질문을 던지거나 당면한 문제에 대해 관리자와 진지한 토론을 벌일 것인가. 맹세컨대 아무도 세미나를 선택하지 않을 것이다.

이 장의 핵심

▶ 사업 결정에 관한 격렬하고 공개적인 토론은 팀을 신나게 한다. 그들은 분석의 힘을 최대한 발휘하면서 토론에 참여할 기회에 응답할 것이다.

▶ 토론의 조건을 분명하게 정하라. 직원들은 의견을 강력히 표현해야 하고 그것을 뒷받침할 논거를 준비해야 한다. 또한 주장은 추측이 아닌 사실에 근거해야 한다.

▶ 상대의 견해와 토론 주제를 짐작하기보다 당사자가 직접 설명하고 서로 질문하게 하라.

▶ 토론에 임할 때는 사심을 버려라. 이는 진심으로 토론에서 질 준비를 하고, 실제 졌을 때 공개적으로 인정하는 것을 의미한다.

▶ 실제 토론의 장을 만들어라. 토론자들에게 공식적으로 주장을 펼치게 해라. 그들을 무대에 세울 수도 있다. 직원들에게 원래 자신의 입장 대신 반대편에서 논쟁하도록 해라. 직원들이 준비한 공식적인 토론은 종종 현실 돌파로 이어진다.

▶ 사실의 가면을 쓴 데이터를 조심해라. 데이터는 당신이 그것을 통해 결론을 도출할 수 있을 때만 유용하다. 사람들은 자신의 생각을 뒷받침하는 데이터에 끌리게 되어 있다. 데이터를 엄격한 과학적 기준에 맞춰라.

▶ 소규모 그룹의 토론이 좋다. 모두가 보다 편안하게 참여할 수 있고, 가만히 있으면 금세 눈에 띄기에 입을 다물고 있을 수 없기 때문이다. 또한 대규모 그룹처럼 집단사고에 빠질 위험도 적다.

리더에게 필요한 질문

- 당신의 팀이 애쓰고 있는 문제는 무엇인가? 당신에게 다가올 결정은 무엇인가? 그것들에 대해 공식적인 토론 무대를 만들 수 있는가?

- 사실을 정리하는 방식으로 자신의 논거를 주장하도록 규칙을 만들었다면, 팀 내 다른 사람이 당신보다 더 강한 논거를 제시했을 때 인정할 준비가 돼 있는가?

- 당신의 팀원 가운데 자신의 의견을 지나치게 고집하는 사람이 있는가? 그에게 팀원들 앞에서 반대편의 입장에서 토론하도록 요청할 수 있는가?

- 당신의 팀은 아이디어를 시험하고 강력한 결론을 도출하는 데 필요한 데이터를 확보하기 위해 얼마나 잘 구성돼 있는가? 데이터를 확보하기 위한 수단이 부족할 때, 팀원들이 또 다른 도구에 접근할 방법이 있는가?

- 직원들이 자신에게 익숙한 정보 이상으로 데이터를 고려하고 그것을 해석하도록 당신이 도울 수 있는가? 당신이나 팀원이 고려해야 할 데이터와 해석에 대한 편견은 무엇인가?

- 팀 내 또는 다른 팀의 젊은 직원들을 초청해 토론을 벌일 수 있는가? 그들에게 토론에 참여하는 방법을 조언해줄 수 있는가?

- 당신의 팀이 매달리고 있는 문제의 해법과 주요 결정에 대해 주장
  을 펼칠 수 있는 포럼을 정례화할 수 있는가?

NETFLIX

POWERFUL

5장

원하는 미래를
'지금' 만들어라

미래에 필요한 인재들을 '지금' 뽑아라.
지금부터 6개월 동안 사업이 어떤 모습이 돼야 할지 그려보고,
그 미래를 위한 변화를 당장 시작하라.

이라크 전쟁 중 군대의 성과에 대해서 논할 때 당시 도널드 럼
즈펠드 국방부 장관이 한 유명한 말이 있다.

"당신은 지금 가지고 있는 군대와 함께 전쟁에 나간다. 당
신이 원하거나 다음에 함께하길 원하는 군대와 나가는 것이
아니다."

훌륭한 팀을 만드는 것에 대해서 관리자들과 얘기할 때 나는
이것과 정확히 반대로 접근해야 한다고 말한다. 미래에 같이
일하길 바라는 팀을 구상하고, 거기에 맞는 팀원을 지금 당장
고용해야 한다는 것이다.

많은 리더가 미래의 제품을 개발하고 경쟁을 내다보는 것은
잘한다. 시장 수요를 평가하고, 제품을 제때 제대로 내놓는 데
골몰한다. 하지만 나는 그들이 필요로 하는 팀에 대해 생각하
면서 미래를 내다보는 일은 드물다고 생각한다. 현재 팀이 무
엇을 성취하고 있는지와 그들이 무엇을 더 해낼 수 있는지에
초점을 맞추는 경향이 있기 때문이다. '미래의 팀'을 고려할 때
조차 일반적으로 순전히 숫자의 관점에서 생각하는 경우가 너

무 많다. '우리는 엔지니어 열 명이 더 필요하다' 또는 '우리는 영업팀을 두 배로 늘려야 한다' 는 식이다.

나는 최근 직원 수가 150명인 회사의 CEO로부터 전화를 받았다. 그는 내게 회사가 300명 규모로 성장할 거라고 하면서 그 숫자를 맞추기 위해 내 조언을 구했다. 그 회사는 멋진 제품을 만드는 엄청난 회사다. 그는 자기 회사가 펀딩도 잘 받았다고 했다. 나는 그들이 빠르게 성장하고 있다고 확신했다. 하지만 앞으로 어떻게 성장할 것인지는 의문이었다. 내가 물었다.

"150명이 더 필요하다니, 상당히 구체적인 숫자네요. 무엇을 바탕으로 나온 건가요?"

그는 자기들이 두 배로 일할 거라고 말했다. 나는 새로운 사람들이 현재 직원들과 같은 일을 하게 되는지, 아니면 새로운 일을 해야 하는지를 물었다. 새로운 제품을 내놓을 인력이 필요하고 팀이 커진다면, 더 경험이 많은 관리자를 필요로 할 것이다. 아니면 팀을 소규모로 유지하고, 더 평평한 경영구조를 원할 수도 있을 것이다. 두 배 많은 일을 한다는 것이 두 배로 많은 소비자에게 도달한다는 것을 의미할까? 만약 그렇다면 고객서비스팀을 키워야 한다. 하지만 그렇다고 두 배로 많은 고객서비스 담당 직원을 고용해야 한다는 것은 아니다. 어쩌면 전문 회사에 아웃소싱하는 편이 더 나을 수도 있다. 나는 그 CEO에게 덧붙여 물었다. 이런 컨설팅에서 정말 중요한 질문이다.

"당신은 두 배로 더 많은 월급을 주고 두 배로 경험이 많고 두 배 높은 성과를 낼 수 있는 75명의 사람을 원하지 않는다고 확신할 수 있나요?"

고용을 '숫자 게임'으로
만들지 마라

|

만약 당신이 끊임없이 앞을 내다보고 어떤 팀이 필요할지를 그려보지 않는다면, 당신 회사의 팀장들은 결국 불가피하게 인력을 놓고 '제로섬 경쟁'에 뛰어들어야 한다. 다음 사례는 경쟁이 어떻게 펼쳐지는지를 전형적으로 보여주는 내 경험담이다.

한 부문 책임자가 내게 전화를 해서 직원을 더 채용하는 안을 승인해달라고 요청했다. 나는 "우선 지출 근거를 내고, 그걸 놓고 얘기해봅시다"라고 말했다. 10분 후 그는 내 사무실로 찾아와 말했다.

"당신이 이해할 거라곤 생각하지 않아요. 나는 당장 재무팀에 가서 말해야겠어요. 나는 지금 내 조직에 열다섯 명의 직원이 더 필요해요. 충원이 안 되면 기한 내에 일을 해내지 못할 거예요. 추가 인력이 필요하고, 지금 바로 인력을 확보할 거예요!"

나는 말했다. "좋아요, 열다섯 명의 사람을 더 고용하기 위해선 한 명당 15만 달러의 비용이 들어요. 그럼 200만 달러 이상의 비용이 든다는 얘기고, 이건 당신에게 주어진 예산을 벗어나는 거예요. 그냥 확실히 합시다. 당신에게 '돈이 열리는 나무'가 있는 것도 아니고, 우리는 그저 200만 달러 지폐를 수확할 수도 없어요. 우리는 다른 팀의 예산을 끌어와야 해요. 당신은 실제로 세 명만 필요한데 열다섯 명을 요구하는 거죠?"

그동안 나는 직원들이 제시한 추정치를 다시 살펴보고 그들이 실제로 채용해야 하는 것보다 10~15퍼센트 정도 더 많은 예산을 요구하는 경우를 수도 없이 찾아냈다.

다른 한편으론 사람이 부족하기 때문에 너무 서둘러 직원을 채용한다는 문제도 있다. 나는 매번 직원을 채용하려는 관리자들에게 이렇게 말해야 했다.

"당신이 작년에 채용한 사람들을 보세요. 한 분기에 스무 명의 사람을 데리고 왔어요. 그중 다섯 명은 직무에 맞지 않았고요. 당신이 그렇게 서둘렀기 때문이죠."

물론 팀원을 영입하려는 관리자들이 굉장히 까다롭게 굴면서도 잠재적 채용을 위한 파이프라인을 마련해두지 않아서 충분히 좋은 인력을 시간 안에 찾지 못하고, 결국 프로젝트를 연기한 적도 있었다. 어떤 경우든, 좋은 사람을 채용하기 위한 근육을 키워놓는 것은 큰 경쟁우위가 된다.

지금의 팀이 내일의 팀이 될 거라고 기대하지 마라

|

팀을 구축하면서 저지를 수 있는 또 다른 실수는 현재 직원이 미래를 책임질 수 있는 직원으로 성장할 거라고 가정하는 것이다. 이것은 특히 스타트업에서 심각한 문제다. 창업자가 초창기 팀에 강한 애착을 느끼는 경우가 많기 때문이다. 스타트업 창업자를 컨설팅할 때, 나는 자주 그들에게 " 회사가 커지면서 부딪히게 되는 '새로운 세계'에서 현재 직원 다수가 유능하지 않을 것입니다"라고 말해야 한다. 그들은 보통 "난 그들을 좋아하고, 그들은 열심히 일할 뿐 아니라 진짜 훌륭해요"라고 대답한다. 하지만 이런 질문을 해야 한다. 그들이 회사 규모에 맞게 그 일을 해낼 수 있을까? 당신은 그들이 지금 하고 있는 똑같은 일을 내일 그들에게 하게 할 필요가 있을까? 그들을 위한 당신의 계획은 무엇인가?

이 문제가 스타트업에서 더 심하게 나타나긴 하지만 업력이 얼마나 됐는지와 관계없이 모든 회사에서 일어날 수 있다. 비즈니스에서 혁신의 속도가 빨라진 오늘날, 이런 시행착오를 거칠 여유가 있는 회사는 없다.

나는 넷플릭스에서 어렵게 이 교훈을 얻었다. 우리는 1년 안에 미국 인터넷 대역폭의 3분의 1에 달하는 트래픽을 감당해야 한다는 사실을 갑자기 깨달았다. 따라서 데이터 용량을 늘리기 위해 당장 새로운 계획을 만들어야 했다.

회의 직후 우리의 제품 부문장은 내게 IT 부서가 클라우드 서비스 구축에 바로 돌입하도록 해야 한다고 말했다. IT 부서에선 근본적인 질문을 했다.

"왜 당장 시작하라고 하지 않습니까? 우리가 클라우드를 만들면 되는데요. 우리가 할 수 있어요."

나는 말했다. "맞아요. 이 회사 내에서 그 일을 할 수 있는 사람은 당신들뿐이에요. 하지만 문제는 9개월 안에 해낼 수 없다는 거예요."

시간상의 제약을 인식하는 것은 어떤 팀이 필요한지 파악할 때 매우 중요하다. 당시 넷플릭스에서도 매우 중요한 사안이었고, 우리는 지금 회사에 있는 팀과는 상당히 다른 데이터팀이 필요하다는 것을 빠르게 깨달았다. 하지만 나는 다행스럽게도 "좋다, 문제를 해결할 수 있는 6개월에서 9개월의 시간이 있다"고 말할 수 있었다. 그리고 우리는 문제를 해결했다. 클라우드 운영에 환상적인 경험을 가진 사람들을 영입했다. 그리고 자체적으로 시스템을 구축하려고 애쓰는 대신 아마존 웹 서비스AWS와 계약을 맺었다.

내 경험상 비즈니스 리더들이 정기적으로 물어야 할 가장 중요한 사항 중 하나는 '지금 있는 팀에 국한하지 않고, 우리에게 필요한 팀이 어떤 팀인가' 하는 것이다.

빠르게 전진하는
6개월

|

시간이 지나면서 이런 도전을 다루기 위해 다음과 같은 방식을 개발했다. 지금까지 내가 컨설팅한 모든 기업에 공유하고 있는 내용이기도 하다. 지금부터 6개월 후 당신이 그동안 모은 팀 중에서 가장 놀라운 팀을 꾸리고, 스스로에게 이렇게 말하고 있는 자신을 상상해보라. '와, 이 사람들은 정말 대단해! 난 이들이 해낸 걸 믿을 수가 없어.'

먼저, 지금은 달성하지 못하고 있지만 그 팀이 지금부터 6개월 후에 달성할 수 있는 것이 무엇일지 써 내려가라. 당신이 원하는 모든 수치를 활용해라. 당신이 매출을 X달러만큼 더 벌어들일 거라든지, 소프트웨어 버그를 줄일 거라든지, 나흘 안에 회계 장부를 마감할 것이라든지 무엇이든 쓸 수 있다. 이것을 머릿속에서 영화로 만들어보라. 당신은 이 대단한 팀이 성취할 엄청난 것들을 보면서 회사를 돌아다니고 있다. 어쩌면 그들은 새롭고 거창한 제품의 견본을 만들고 있을 수도 있다. 어쩌면 당신은 새로 지은 빛나는 창고를 돌아다니고 있고, 직원들은 최신 스마트 기술로 만든 제품을 두 배로 출하하느라 정신이 없을 수도 있다.

자, 이제 더 중요한 질문이다. 지금 직원들이 하는 방식과 어떻게 다른지에 대해 생각해보자. 직원들은 회의를 더 많이 하는가, 아니면 더 적게 하는가? 그들이 크고 시끄럽게 논쟁을 벌이는가? 그들은 더 빠르게 결정을 내리는가? 누가 결정을 내리는가? 누군가는 결정하지 않는가? 더 많은 직원이 조용히 머리를 숙이고 자신의 작은 공간 안에서 일하는가? 아니면 그들이 곳곳에서 무리 지어 화이트보드에 미친 듯이 휘갈겨 쓰고 있는가? 직원들이 다양한 업무를 활기차게 넘나들면서 일하는가? 더 협력해서 문제를 해결하는가?

컨설팅 고객과 이 연습을 할 때 나는 실제로 그들에게 눈을 감아보라고 한다. 그리고 자신이 회사 이곳저곳을 걸어 다니는 모습을 상상하라고 한다.

그러고 나서 나는 말한다.

"당신이 지금 상상하는 변화가 일어나려면, 직원들이 어떻게 해야 할까요? 당신이 알아야 할 것은 무엇일까요?"

소리 내어 말하고 논쟁을 벌여서 이기는 것과 같은 단순한 무언가일 수도 있다. 아니면 조용히 입 다물고 듣는 것이 나을 수도 있다. 그것도 아니면 소통을 더 훈련하는 일일 수도 있다. 어쩌면 당신에겐 새로운 제품을 출시할 수 있는 사람 또는 특정한 계약을 놓고 어떻게 협상을 벌여야 할지 아는 사람이 필요할 수도 있다. 당신이 마음속에 그리는 방식대로 팀을 운영하고, 미래에 필요한 일들을 성취하기 위해서 어떤 종류의 기술과 경험을 갖춰야 할까?

이 훈련을 통해 다가오는 다양한 변화, 주로 빠르게 접근하고 있는 변화에 대한 준비 상황에서 문제점이 자주 드러난다. 당신의 팀은 적절한 하드스킬(기술적인 능력-옮긴이)이 부족할 수도 있다. 아니면 소프트스킬(대인관계 능력-옮긴이) 또는 좋은 관리자가 되는 데 적절한 경험을 갖춘 직원이 부족할 수도 있다. 근본적인 질문은 팀의 역량을 구축할 수 있는 사람을 충분히 보유하고 있느냐다. 즉, 훌륭한 팀을 만드는 방법을 아는 사람이 충분한가 하는 얘기다. 이런 사람들을 많이 데리고 오는 것이 넷플릭스에서 나의 주요한 미션 중 하나였다. 그런 사람을 채용한다면 그들이 당신에게 어떤 팀이 필요한지 알려주거나 그런 팀을 구축해줄 것이다.

나는 대부분의 직급에서, 대다수의 사업 관리자가 기업의 규모가 두 배, 어쩌면 세 배까지 커지면서 수반되는 운영·경영상의 변화를 꽤 쉽게 상상할 수 있다고 생각한다. 예외적인 수준에서 복잡성을 이해하는 관리자들은 심지어 자신의 사업이 더 큰 규모로 커지는 것도 상상할 수 있다. 하지만 운영 규모가 내년에 열 배로 커진다면, 그리고 당신이 일정한 수준의 성장만 경험해온 직원들을 팀으로 데리고 있다면 어떻게 될까. 그들은 아마 '어떻게 시간 안에 도달할 수 있을지'를 알지 못할 것이다. 당신에겐 당신이 예상하는 속도대로 성장을 감당할 수 있는 직원들이 필요할 것이다. 또는 새로운 비즈니스 모델로 진화하면 어떻게 될까도 생각해봐야 한다.

스스로에게 이런 질문을 던진 뒤에 당신의 팀을 보라. 팀의 기술과 경험을 더 정확하게 아는 데 도움이 될 것이다. 팀원들이 어떻게 해야 할지 모르는 것, 또는 잘 하지 못하는 것에 대해서 더 잘 인식할 수 있을 것이다. 그리고 당신은 고성과자들이 없거나 충분하지 않은 영역 어디에 그들을 영입해야 할지를 알 수 있을 것이다.

기본적인 문제는 대부분의 사람이 '우리는 더 많이 일할 것이고, 더 놀라운 성과를 낼 것이다' 라고 생각할 때 그 출발점을 현재의 팀으로 상정한다는 점이다. 문제는 당신이 데리고 있는 팀으로 시작하면, 더 많이 일할 수는 있겠지만 놀라운 성과를 내진 않는다는 것이다. 미래 비전에서 출발해서 이상적인 팀을 구축해라. 당신이 해결하길 원하는 문제를 찾아내라. 그리고 그 문제를 해결하려는 기간을 정해라. 그 일을 성공시킬 수 있는 사람들을 찾아내고, 그들에게 정보와 자원을 제공해라. 이를 위해 스스로에게 물어라. 준비가 되고 능력을 갖추기 위해서 우리에게 무엇이 필요하고, 어떤 사람들을 데리고 와야 하는가?

팀을 구축하는 것이지, 가정을 꾸리는 것이 아니다

리드와 나는 우리가 원하는 속도로 변화를 이루려면 어떤 문화를 만들어야 하는지 명확히 하는 데 공을 들였다. 그러면서 우리가 팀을 계속 진화시키려 한다는 것을 모든 사람이 이해해야 한다는 사실을 깨달았다. 이것을 논의하면서 우리는 '회사는

가족이 아니라 스포츠팀과 같은 것'이란 비유를 쓰기로 했다. 훌륭한 스포츠팀은 새로운 선수를 끊임없이 스카우트하고 자신들의 라인업에서 선수들을 골라낸다. 이와 마찬가지로 팀장들은 계속해서 인재들을 찾고 팀을 새로이 구성해야 한다. 우리는 지침을 정했다. 팀장들이 누구를 데리고 오고 누가 나가야 하는지를 결정할 때, 오직 자신의 팀이 이뤄내야 하는 성과를 기준으로 삼아야 한다는 것이다.

만약 직원들을 훈련하고 그들을 새로운 역할에 맞게 다듬는 것이 최선이라면 우리는 그것을 충분히 지원하고, 관리자들이 그 기술을 습득할 수 있도록 도왔다. 우리는 또한 필요한 기술을 가진 고성과자를 새로 영입하는 것이 더 좋은 대안이 아닌지 팀장들이 신중하게 고려하기를 바랐다. 현재의 팀원들을 내보내야 하더라도 말이다.

팀원을 잘 훈련시키고 성장 잠재력을 발견하는 것은 팀장에게 중요한 기술이다. 나는 항상 회사가 성장할 기회를 줄 수 있도록 직원들 안에 숨어 있는 재능을 찾았다. 그리고 팀장들에게도 똑같이 하도록 장려했다. 그런 재능은 때때로 선명하게 드러났지만 그렇지 않은 경우가 더 많았다. 심지어 직원들 자신에게도 분명하지 않았다.

예를 들어 로셸 킹이 우리에게 꼭 필요한 재능을 가졌다는 것을 나는 알 수 있었지만, 그녀 자신은 완전히 인식하지 못했다. 그녀는 디자이너로서 전문성을 가졌고, 디자이너들의 관리자였다. 우리는 진짜 도움이 필요할 때 그녀를 그 팀의 관리자로 영입했다. 그녀는 믿을 수 없을 만큼 빠르게 팀을 훌륭히 구축했다. 그녀에겐 기능을 제대로 하지 못하던 팀을 매우 잘 돌아가게 하는 능력이 있었다. 그래서 그녀가 합류한 지 9개월 만에 2개의 팀을 추가로 이끌도록 요청했다. 하나는 메타데이터를 강화하는 팀이었고, 다른 하나는 콘텐츠를 운영하는 팀이었다. 둘 다 규모가 큰 팀이었고, 그녀는 해당 영역에서 전문성을 갖추지도 않았다. 그녀는 내게 말했다.

"내가 전에 이런 팀을 운영해본 적이 없다는 건 알고 있죠?"

하지만 나는 그녀가 한 단계 올라서서 훌륭하게 일을 해낼 거라고 자신했다. 그리고 그녀는 그렇게 했다. 우리는 둘 다 그녀에게 그 일을 맡기는 것에 리스크가 있다는 것을 알고 있었고, 그 점에 대해 솔직하게 의견을 나눴다.

내가 에릭 콜슨과 얘기했을 때다. 그는 리드가 자기에게 큰 일을 새로 맡겼을 때를 회상했다. 데이터 총괄 팀general data team을 관리하는 일이었다. 에릭은 세 번을 거절했지만 결국 수락했다. 그는 넷플릭스의 운영 시스템을 향상시키기 위한 알고리즘을 짜고 있었고, 그 일을 아주 잘했다. 하지만 이 일은 '완전히 다른 게임'이었다. 그는 크고 전사적인 팀을 관리해야 했고, 리드에게 직접 보고하게 됐다. 그는 준비가 되지 않았다고 생각했지만 리드는 에릭이 그 역할을 훌륭하게 해낼 것이라 자신했다. 실제로 에릭은 잘 해냈다.

직원을 승진시키는 것은 그들에게 능력을 최대한 발휘하고 새로운 역할을 책임질 기회를 주는 것이다. 이것이 이상적일 수도 있지만 항상 최선은 아니다. 우리는 팀장들에게 '직원들이 어느 정도로 작업 성과를 향상시킬 수 있을지, 그리고 그것이 시간 안에 이뤄질 수 있을지'에 대해서 현실적으로 바라보는 것이 중요하다고 말했다.

우리는 내부 직원을 승진시킬지 또는 외부에서 고성과자를 영입할지에 대해 '경험에 근거한 규칙'을 갖고 있었다. 회사 내부의 누구도 갖고 있지 않은 전문성을 요구하는 일인지, 아니면 우리 스스로가 혁신의 선두에 있는 영역의 일인지가 기준이다. 클라우드 서비스에선 외부에 더 나은 전문 기술이 있었다. 그래서 사람을 영입하는 것이 회사에 훨씬 더 효과적이었다. 데이터 알고리즘을 개발하는 데에선 우리가 혁신의 중심에 있었다. 그래서 에릭과 같은 일류 인재가 회사 안에 있었다. 만약 우리가 전문성을 갖추지 못한 일에 외부에서 인재를 데리고 오지 않았다면 분명히 회사가 휘청거렸을 것이다.

승진은 때로
올바른 해결책이 아니다

|

내가 회사 리더들과 팀 관리자들에게 컨설팅을 제공할 때, 그들이 가장 받아들이기 어려워하는 조언은 이것이 아닐까 생각한다. '회사가 훌륭한 제품을 만들고 있고 고객들에게 제대로, 제시간에 서비스를 하고 있다면 그 이상의 어떤 것도 직원들에게 해줘야 할 의무를 지고 있지 않다는 것' 말이다. 경영진은 직원들에게 그들이 준비가 돼 있지도 않고, 재능과도 맞지 않는 일을 할 기회를 줘야 한다고 생각하지 않아도 된다. 그들의 근무에 보상하기 위해서 다른 자리를 만들 의무도 없다. 그리고 회사가 번창하는 데 필요한 인사이동을 지체할 이유도 없다. 이게 잔인하게 들리리라는 걸 안다. 회사가 직원들의 발전에 특별한 투자를 해야 하고, 승진할 수 있는 길을 제공하고, 이탈을 방지하기 위해 애써야 한다는 관념이 뿌리 깊게 박혀 있기 때문이다. 하지만 나는 이런 사고방식이 구식이라고 믿게 됐다. 직원들에게도 최선의 접근 방식이 아니다. 아니, 도리어 해가 된다. 더 나은 기회를 위해 다양한 직업군을 샅샅이 뒤지는 대신, 진짜 원하지 않거나 원하는 만큼 잘하고 있지 않은 (또는 회사가 원하는 만큼 잘하고 있지 않은) 일자리에 갇혀 있게 하기 때문

이다.

직원들을 승진시키거나 새로운 역할을 지도하는 것은 팀장들에게 엄청나게 만족감을 주고 성과에도 아주 좋을 수 있다. 하지만 그것이 팀의 성과에 가장 좋은 것은 아닐 때도 자주 있다. 관리자가 커리어를 계획해주어야 한다고 기대해선 안 된다는 뜻이다. 오늘날처럼 빠르게 움직이는 비즈니스 환경에서 그런 역할을 하려고 노력하는 것은 위험을 자초하는 일이다.

넷플릭스에서 면접을 볼 때 사람들에게 넷플릭스는 커리어를 관리해주는 회사가 아니고, 자신의 커리어는 자신이 관리하는 거라고 직설적으로 말한다. 회사엔 그들이 발전할 수 있는 많은 기회가 있지만 그런 기회를 일부러 만들어주진 않는다고 못을 박는다. 기업들은 대부분 필요한 작업의 반 정도를 직원에게 맡긴다. 그 사람이 그 일 전부를 할 수 없다고 보기 때문이다. 하지만 넷플릭스는 그렇게 할 여력이 안 된다. 우리에겐 전부를 해낼 수 있는 사람이 필요하다. 우리는 또 높은 성과를 내는 사람이라며 경영에 잘 어울리지 않는데도 경영진으로 승진시키는, 믿기 어려울 정도로 흔히 저지르는 실수도 경계하기로 했다.

회사가 성장하는 동안 직원을 승진시킬 기회는 많이 있다. 하지만 직원들, 심지어 매우 좋은 직원들에게도 진급시켜 앉힐 만한 적합한 자리가 없을 때도 많다. 넷플릭스에 공석이 생길 때, 우리는 이미 높은 성과를 내고 있는 누군가를 외부에서 데려오는 것이 훨씬 더 나은 선택이 될 수 있다는 걸 알고 있다. 직원들이 우리가 줄 수 없는 기회를 얻으려 하거나 우리의 우선순위가 아닌 일을 하기를 간절히 원할 때면, 그들이 다른 곳에서 기회를 찾도록 권했다. 넷플릭스에서는 직원들에게 다른 곳에 면접을 봐서 시장의 기회를 알아내도록 제안하는 일이 무척 흔하고 자연스럽게 이뤄진다. 이를 통해 우리 역시 그들에 대한 수요가 어느 정도인지, 그들에게 보수를 얼마나 지급해야 하는지를 더 잘 파악할 수 있었다. 이처럼 팀을 유동적으로 구축하는 것이 회사와 직원 양쪽 모두에 이득이었다.

　나는 오늘날 모든 근로자에게 가장 이로운 조건은 '유연함'이라고 믿는다. 계속해서 새로운 기술을 배우고, 새로운 기회를 살피고, 자주 새롭게 도전함으로써 새로운 작업에서 능력을 최대한 발휘할 수 있어야 한다. 우리는 직원들이 자신의 성장을 책임지도록 장려했다. 넷플릭스의 모든 직원은 뛰어난 동료들과 관리자들로부터 배울 수 있는 다채로운 기회를 스스로 활용하고, 회사 안에서 승진하든지 다른 곳에서 좋은 기회를 잡든지 간에 자신만의 길을 개척할 수 있다.

스타트업 창업자의
입장이 돼보라

|

이런 시각을 받아들이는 것이 힘든 일이라는 걸 인정한다. 그도 그럴 것이 직원에 대한 회사의 책임이라는 문제에서 이와 다르게 생각하도록 교육받았기 때문이다. 특히 내가 컨설팅한 스타트업 창업자들이 받아들이기 어려워했다. 그들은 거의 매 순간 불편한 진실을 마주해야 한다. 제품을 개발하고 시장을 찾는 초기 단계에 필요한 사람들과 회사를 키울 수 있는 사람들은 일하는 방식과 재능에서 매우 큰 차이를 보이기 때문이다.

처음에 그들은 보수를 지급할 수 있는 한도 내에서 가장 똑똑한 사람들을 구한다. 그들은 매우 열심히 일하려고 하고, 창업자들의 비전을 믿어준다. 이 믿음이라는 부분이 중요하다. 모든 스타트업이 사실상 미친 아이디어를 바탕으로 하기 때문이다. 스타트업의 아이디어가 논리적인 것이었다면 다른 누군가가 이미 시도했을 것이다. 스타트업 초기에는 모든 분야의 일을 해보고 이것저것 마구 찔러보면서 저지를 수 있는 모든 실수를 저지르고, 믿을 수 없을 만큼 열심히 일하는 게 일상이다. 성공할 만한 제품과 그 제품을 받아들일 수 있는 시장을 가질 때까지 말이다. 답을 알 수 없기에 모든 일을 임기응변으로 처리한다. 그러다 우연히 어떤 아이디어가 인기를 얻으면 성공이 시작된다. 성장이 본격적으로 시작되면 시행착오를 겪으면서 해결할 수 있는 문제가 아니라 경험을 필요로 하는 문제들이 생겨난다. 덩치가 커지고 조직이 복잡해지기 때문이다. 이 문제들은 때때로 운 좋게 넘어가기도 하고, 일부는 초창기 직원들이 적절하게 대처하여 해결되기도 한다. 하지만 그것으로 충분치 않은 많은 문제가 앞에 놓여 있다.

정도의 차이는 있지만, 사실상 모든 회사가 이런 어려움과 씨름하고 있다. 변화가 일어나야 하고, 변화를 가져오기 위해 새로운 사람이 필요해진다. 만약 이런 시각이 당신에게 불편하다면 스스로 물어보라. 스타트업 창업자가 이런 도전에 직면했다면 어떻게 하는 것이 옳겠는가? 왜 당신이라고 그 답이 달라져야 하는가?

과거에 대한 향수는
초기 경고 신호다

|

리드와 내가 '가족이 아닌 팀'이란 비유를 사용하게 된 이유는 회사가 계속 변화하면서 '예전의 산만했고 좋았던 날들'에 대한

향수가 강력한 저항의 원동력이 될 수 있음을 봤기 때문이다.

향수는 완전히 이해할 수 있는 것이다. 내게도 있었다. 넷플릭스의 초창기 나날들은 그지없이 신나는 경험이었다. 우리는 주차장 한쪽에 놓인 피크닉 테이블에서 회의를 하기도 했다. 어떤 일에서도 격식을 차릴 필요가 없었다. 우리는 멋진 사업을 한다며 자신만만했고, 지금 내가 생각해봐도 상당히 건방졌다. 우리는 선댄스영화제에 참여해 떠오르는 감독의 신랄한 영화를 보여주는 것을 좋아했다. 어느 해 테드 사란도스는 〈스펀 Spun〉이란 영화의 감독판 필름을 낚아채 들고 오기도 했다. 등장인물들이 부산스럽게 돌아다니는, 꽤 생생한 블랙코미디다. 이 영화는 미국 오리건주 유진이라는 도시의 마약 문화를 소재로 중독의 위험성을 잔인할 정도로 적나라하게 묘사한다. 이처럼 '경계를 허무는 영화'의 진가를 아는 신랄한 감상자가 되는 것이 회사의 DNA 안에 있었고, 이것이 우리에겐 긍지의 원천이었다. 스트리밍 서비스로 옮겨갈 때, 우리는 갑자기 TV를 재창조하게 됐다. 많은 직원이 '극단적으로 힙한 독립영화에 대해서는 그쯤 해야겠다'라고 생각했고, 이에 대해 일부 직원은 못내 아쉬움을 느꼈다. 물론 넷플릭스가 콘텐츠 자체 제작에 들어가면서 TV 사업을 시작한다 해서 '예리한 정신'을 지울 필요는 없다는 것이 여실히 드러났다. 〈오렌지 이즈 더 뉴 블랙〉

이라든지, 인육을 먹는 좀비가 된 평범한 아내의 이야기인 〈산타 클라리타 다이어트The Santa Clarita Diet〉 등은 회사가 여전히 한계를 초월하길 좋아한다는 사실을 보여줬다.

회사의 초기 성공을 이룬 핵심 요소를 평가하는 것은 매우 중요하다. 그리고 이를 회사가 적응하고 성장하면서 추억으로 간직할 수 있다. 하지만 변화에 대한 저항을 불러일으키는 '향수'는 불만을 부채질하고, 급기야 성장을 약화시킬 것이다. 넷플릭스 초창기부터 근무했던 한 엔지니어가 말했다.

"지금 회사는 우리 모두가 주차장에서 버티면서 모든 사람이 제품에 기여하던 때와는 달라졌어요. 지금 직원들은 서로의 이름도 다 알지 못해요. 회사가 진짜 커지면서 이런 점들이 달라지고 있는데, 이런 데서 생겨나는 느낌을 아마도 경영진은 잘 모르겠지요."

나는 경영진으로서 우리가 매우 잘 알고 있다고 장담했다. 그가 몇 번이나 그 얘기를 했기에 그 변화들 탓에 얼마나 속상해하는지도 알 수 있었다.

내가 그에게 물었다. "왜 여러 가지 것들이 변하는지 알아요?"

그는 "왜죠?"라고 되물었다.

나는 말했다. "우리가 성장하고 있기 때문이죠! 당신은 우리가 무엇이 되고 싶은지 아세요? 우리는 글로벌 기업이 되길 원해요!"

'하드코어 스타트업 가이'에게 그건 상당히 충격적인 말이었다. 그에겐 글로벌 기업보다 스타트업이 체질에 맞았다. 이처럼 일정한 시점의 조직에 딱 맞고, 거기서 일하는 것을 좋아하는 사람이 더러 있다. 그런 사람은 비슷한 환경에 놓인 조직으로 옮기는 것이 낫다. 나는 그에게 말했다.

"좋아요. 당신이 글로벌 넷플릭스의 일부가 되지 않아도 돼요. 당신은 아마 50명 정도의 조직에서 가장 행복할 거예요. 거기서 당신은 가장 큰 기쁨을 찾을 수 있을 거예요."

팀 구축에 이런 접근법을 쓴다는 것은 넷플릭스에서 새로운 채용 방법을 개발해야 한다는 것을 의미했다. 그럼으로써 우리에게 필요한 '강력한 인재풀'을 가져야 했다. 우리는 조직 전체에 뛰어난 채용 능력을 탑재해야 했고, 즉시 실행에 옮겼다.

이 장의 핵심

▶ 민첩성을 유지하고, 변화의 속도에 따라 움직이기 위해서 미래에 필요한 직원들을 '지금' 채용하라.

▶ 높은 성과를 내기 위해 자주 시간을 들여서 지금부터 6개월 동안 당신의 사업이 어떤 모습이 돼야 할지 그려보라. 머릿속에서 영화를 찍어보라. 사람들이 어떻게 일하고 있는지, 그들이 어떤 수단과 기술을 가졌는지 상상해보라. 그런 후에는 그 미래를 창조하기 위해 뛰어들어라.

▶ 기업이 성장한다 해서 반드시 더 많은 직원이 더 많은 일을 하거나 더 잘할 필요는 없다. 더 많은 기술을 가진 적은 수의 고성과자 조직이 나을 수도 있다.

▶ 성공적인 스포츠팀은 관리자에게 가장 좋은 모델이다. 그들은 끊임없이 새로운 선수를 영입하고, 현재 선수 명단에서도 특출한 사람들만 골라낸다. 당신은 팀을 구축하는 것이지, 가정을 꾸리는 것이 아니다.

▶ 당신 팀원 중 몇 명은 당신이 향하고 있는 미래에 걸맞은 고성과자로 성장하지 못할 수도 있다. 그들의 발전에 투자하는 것은 기업의 임무가 아니다. 기업이 할 일은 제품을 개발하고 시장을 개척하는 것이다.

▶ 내부에서 발전시키고 승진시키는 것이 성과를 위해 가장 좋은 선택일 때는 그렇게 하고, 외부에서 채용하는 것이 더 나을 때는 능동적으로 그렇게 하라.

▶ 이상적인 형태는 직원들이 자신의 발전에 스스로 책임을 지는 것이다. 이것이 개인과 기업 둘 다를 최적의 성장으로 이끈다.

리더에게 필요한 질문

- 6개월에서 1년 안에 사업에 필요한 능력과 현재 팀원 전부가 가진 기술을 체계적으로 비교해 평가해본 적이 있는가?

- 당신의 팀에 필요할 것으로 예상되는 몇 가지 업무 수행 방식이 있는가? 예를 들어 새로운 툴로 프로그래밍을 하거나, 로봇과 함께 일하거나, 직무를 넘나들며 협업하거나, 소비자 경험을 새로 디자인하는 등의 일을 생각해보라.

- 외부에서 고성과자를 영입한다면 팀의 성과가 크게 나아질까? 그를 채용함으로써 기존 직원을 여럿 내보내야 한다고 해도 말이다.

- 만약 당신이 새로운 인재를 팀에 데리고 와서 당장 활용할 기회가 있는가? 새로운 서비스나 제품을 제공할 만한 기술이 있을 수 있다. 어쩌면 새로운 시장이 형성될 수도 있고, 반대로 경쟁자의 진입으로 시장 점유율이 낮아질 수도 있다.

- 당신의 팀 또는 기업이 선두에 있는 인재들과 함께 혁신의 선봉에 서 있는 영역은 어디인가? 또 후발주자로서 선두를 따라잡고자 애쓰고 있는 영역은 어디인가? 만약 당신이 새로운 누군가를 채용하지 않으면 계속해서 후발주자의 위치에 놓이게 될까?

- 팀이 기술을 개발하는 데 얼마나 많은 시간을 쓰고 있는가? 당신
  이 요구하는 속도에 팀원들이 얼마나 빨리 도달하는가? 이에 대해
  얼마나 만족하고 있는가?

NETFLIX

POWERFUL

6장

모든 포지션에
최적의 인재를 앉혀라

모든 직무에 가장 적합한 사람을 앉혀라.
그저 적당한 사람이 아니라 매우 적합한 사람을 쓰려고 노력해야 한다.
채용을 잘 한다는 것은 직무와 인재를 잘 연결한다는 뜻이다.

넷플릭스는 인재관리에 대해 세 가지 기본 철학을 만들었다. 첫째, 훌륭한 사람을 채용하고 누구를 내보낼지를 결정하는 것은 관리자의 몫이다. 둘째, 모든 직무에 그저 적당한 사람이 아닌 매우 적합한 사람을 채용하려고 노력한다. 셋째, 아무리 훌륭한 직원일지라도 그의 기술이 회사에 더는 필요치 않다면 기꺼이 작별 인사를 한다.

인재관리 측면에서 최고의 관리자였던 존 치안커티는 이렇게 말했다.

"어떤 직원을 내보낼 때란 당신이 필요한 기술을 가진 최고의 성과를 내는 사람을 데려오는 때입니다. 그 두 가지는 동전의 양면과 같습니다. 당신이 고성과자를 채용하는 일에 서툴다면 직원을 떠나보내는 일에도 서툴 겁니다. 저것 없이 이것만 잘할 수는 없습니다. 결국 높은 성과를 내는 팀을 만들 수 없다는 뜻이죠."

이런 접근 방식으로 넷플릭스는 나아가야 할 목표를 달성하는 데 필요한 팀을 사전에 역동적으로 만들 수 있었다. 그 덕에 시대에 뒤떨어진 팀 때문에 옴짝달싹 못 하거나, 진화하려고 절실하게 몸부림치지 않아도 됐다.

존은 이런 인재관리 철학을 절대 버리지 않았다. 넷플릭스를 떠난 이후 코세라에서 팀을 만들 때도, 60dB를 설립해 팀원을 채용할 때도 이 철학을 지키려고 노력했다. 그는 훌륭한 인재를 채용하기 위한 구체적인 전술을 〈퍼스트 라운드 리뷰First Round Review〉라는 인터넷 매체에 실었다. 그 글에서 존은 "철학을 지킨 것이 최고 인재를 영입하는 전쟁에서 코세라가 구글, 페이스북과 경쟁한 방법"이라고 밝혔다. 인재관리에 쏟아부은 그의 열정, 그리고 그가 개발한 세부적인 방법은 넷플릭스의 수많은 관리자가 '팀 구축의 책임'을 얼마나 진지하게 받아들였는지를 보여준다.

넷플릭스에서 우리는 직원을 채용하는 관리자들에게 훌륭한 팀을 구축하는 것이 그들의 가장 중요한 일이라고 강조했다. 나와 인재관리팀은 인재를 찾고 인터뷰하는 방법, 후보자와 계약 조건을 마무리하는 방법, 직원을 떠나보낼 때를 판단하는 방법, 그 결정을 당사자뿐만 아니라 나머지 팀원들에게 전하는 방법을 관리자들에게 자세히 설명했다.

출신 직원들이 자랑스러워할
회사가 되기

|

어느 새벽 리드가 전화를 걸어 넷플릭스 얘기를 꺼냈을 때, 나는 그에게 어떤 게 이상적인 회사냐고 물었었다. 그는 내 생각은 어떠냐고 되물었다. 나는 초창기 애플이나 마이크로소프트가 그랬던 것처럼 출신 직원들이 자랑스러워할 만한 곳이 이상적인 회사라고 답했다. 그렇게 말한 이유는 최고의 직원과 최고의 회사에 대한 두 가지 일관된 진실을 봐왔기 때문이다. 가장 경쟁력이 있는 회사는 항상 혁신하고 성장하기 때문에 유연성이 중요하다. 그들은 필요한 인재를 미리미리 영입하며, 최고의 직원들은 언제나 새로운 기회에 도전하길 기대한다. 그들은 보통 충성심이 강하지만, 대부분 다른 기회를 찾아 나선다. 그들이 언제 이직을 결정할지는 본인 외에는 누구도 알 수 없다. 그들을 붙잡기 위해 회사가 할 수 있는 게 아무것도 없을 때도 종종 있다.

앞서 언급한 에릭 콜슨은 3년도 채 안 돼 데이터 애널리스트 자리에서 데이터 사이언스 및 엔지니어링 부문 부사장으로 승진했다. 4개의 매우 중요한 팀을 관리하며 리드에게 직접 보고하는 자리였다. 그는 자신이 그렇게나 많은 책임이 부여되는 자리에 그렇게나 빨리 오르게 되리라고는 전혀 예상하지 못했다. 그는 최근 나에게 그런 기회가 주어진 것에 대단히 감사했다고 말했다. 그는 넷플릭스에서 일하는 것을 매우 좋아했고, 최전방에서 머신 러닝machine learning 같은 새로운 빅데이터 기술을 적용하는 팀을 관리했다.

그런데 그 역할을 맡은 지 3년이 지났을 때 그가 내게 와서 스티치픽스Stitch Fix라는 작은 스타트업으로 이직할 거라고 말했다. 데이터 분석 결과와 개인 스타일리스트가 입력한 정보를 결합해 고객에게 맞는 옷을 추천하고 배송하는 회사였다. 나는 놀라 소리쳤다.

"뭐라고요? 의류 배송 회사에서 일하겠다고? 에릭, 제정신이에요?"

그는 그 회사가 의류 업계의 넷플릭스 같은 회사가 될 거라고 말했다. 나는 여전히 이해하지 못한 채 왜 그런 일에 관심을 갖게 됐는지 물었다. 갑자기 그는 여러 가능성을 열정적으로 이야기했다. 그 이야길 듣고 내가 한마디 했다. "세상에, 당신 데이터와 사랑에 빠졌군요."

그는 넷플릭스를 떠나 스티치픽스로 옮겨가 최고알고리즘책임자로서 고도로 혁신적인 알고리즘 개발을 이끌었다. 인간의 통찰력과 인공지능 기술을 결합한 참신한 접근으로 회사를 빠르게 성장시켰다.

우리는 넷플릭스에 필요한 기술과 경험을 가진 훌륭한 인재들을 지키기 위해 매우 노력했지만, 인재풀 상황은 극도로 경쟁적이었다. 우리는 매우 적극적으로 최고 인재를 발굴해야 했다. 그와 동시에, 비록 훌륭히 일했고 매우 재능이 있더라도 더는 필요하지 않은 기술을 가진 직원들과는 기꺼이 헤어져야 했다. 사업 환경이 너무나 빠르게 변하기 때문이다. 인재관리에서 우리의 최우선 임무는 우리가 만들어갈 미래를 위해 최고의 팀을 구축하는 것이었다.

지금까지의 이야기를 통해, 직원 이탈을 얼마나 방지했는가는 팀 구축의 성공을 평가하거나 훌륭한 사내문화를 만들었는지를 측정하는 데 좋은 지표가 아님을 알았을 것이다. 단순히 얼마나 많은 직원을 유지하고 있는지가 아니라 조직에 필요한 기술과 경험을 가진 훌륭한 직원을 얼마나 데리고 있는지가 측정 지표여야 한다. 그중 몇 명을 유지할 것인가? 당신에게 필요한 기술과 경험을 가진 새 직원을 얼마나 채용할 것인가? 아울러 누구를 대체할지를 얼마나 엄격하게 평가하고 있는지, 그 결정을 얼마나 효율적으로 행동에 옮기고 있는지도 세밀하게 모니터해야 한다.

나는 이런 관점을 받아들이고 확실히 행동으로 옮기는 일이

쉽다고 말하려는 게 아니다. 성과를 내지 않는 직원들을 내보내는 것은 어려운 일이다. 특히 성실히 일해온 직원을 내보내는 것은 훨씬 더 힘들다. 하지만 당신을 위해 일한 그들이 훌륭한 이력서를 갖게 됐다는 사실을 생각한다면 조금은 마음이 놓일 것이다. 넷플릭스에서의 이력은 새로운 직장을 찾는 데 큰 도움이 된다. 당신이 그들의 이직을 적극적으로 도울 수도 있다. 직원들이 훌륭한 기회를 찾도록 지원하는 가장 좋은 방법은 당신의 회사가 최고의 인재를 채용하는 곳이라는 평판을 얻는 것이다. 관리자들이 이런 식으로 운영한다면 헤어짐에도 익숙해질 수 있다. 이 부분은 8장에서 자세히 다루기로 하고, 여기에선 훌륭한 만남에 집중하겠다.

훌륭한 업무는
특전의 문제가 아니다

특전 경쟁이 터무니없는 수준으로 치닫고 있다. 몇 달 전 100명 정도 되는 스타트업 회사 직원들에게 강의를 해달라는 요청을 받았다. 강의를 마치고 질의응답 시간이 되자, 한 직원이 손을 들고 말했다.

"중요한 질문이 있는데요, 맥주냉장고가 부서 내에 있는 것과 회사 건물 안에 있는 것의 차이에 대해 어떻게 생각하나요?"

이 회사에는 사무실 곳곳에 그네와 해먹이 흩어져 있었다. 나는 질문자에게 되물었다.

"어떤 종류의 질문이죠? 당신은 사업이 어떻게 운영되는지를 알고 있지 않나요?"

그는 내 질문을 이해하지 못하겠다고 말했다. 나는 다시 말했다.

"자, 당신이 고객에게 서비스를 제공하면 그들은 비용을 지불하죠. 그 돈으로 운영비를 내고 남은 게 이익이고요. 이게 사업의 본질입니다. 맥주냉장고와는 아무런 상관이 없어요. 회사는 직원들을 행복하게 하기 위해 존재하는 게 아니에요!"

다들 충격을 받은 게 분명했다. 나는 다시 덧붙였다.

"직원들이 행복하다면 물론 좋지요. 하지만 행복한 이유가 최고의 사람들과 훌륭한 일을 하기 때문일 때 직원과 회사 모두에게 가장 이상적입니다."

한 경영진으로부터도 비슷한 질문을 받았다.

"우리 회사에 바텐더와 개인 요리사가 없는 걸 걱정해야 할까요?"

나는 누군가가 당신 회사 문을 나가 더 좋은 수제 맥주를 제공하는 회사로 간다면 이렇게 말하면 된다고 얘기해줬다.

"즐거운 시간 보내요! 머지않아 출퇴근에 시달릴 필요 없이 집에서 맥주를 실컷 마시겠네요!"

직장에서 직원들의 행복은 맛있는 샐러드나 낮잠용 수면실 이나 헬스 시설 등과 관련된 게 아니다. 직장에서의 진정한, 그 리고 지속 가능한 행복은 재능이 있는 사람들과 함께 문제를 해결해나가고, 자신이 그토록 열심히 만든 제품을 고객들이 사 랑한다는 사실을 아는 데서 나온다.

돈으로 사랑을 살 순 없다

|

넷플릭스는 시간이 지나면서 매우 경쟁력이 있는 급여를 제공 하기로 했다. 우리는 구글과 페이스북, 아마존 등과 인재 영입 전쟁을 치러야 했고 그 전쟁에서 승리하려면 최고의 급여를 지 급해야 한다고 믿었다. 하지만 사람들의 합류를 설득하기 위한 핵심 지렛대로서 돈을 놓고 경쟁하고 싶지는 않았다. 실제로 넷플릭스의 급여가 매우 좋다는 평판이 돌았고 이것이 우리가 원하는 인재를 데리고 오는 데 도움이 됐다는 점은 인정한다.

하지만 우리는 후보자들이 영입 제안을 수락하고자 한다는 사실을 알기 전까지는 연봉 협상을 하지 않는다는 규칙을 세웠다. 또 보상체계에 대한 철학은 얘기했지만 숫자를 논하지는 않았다.

내 경험상 인터뷰 초기 과정에 돈 얘기를 꺼내는 사람은 크게 세 부류다. 현재 직장에서 보상을 덜 받고 있거나, 매우 잘 받고 있더라도 이직 후 인상하지 못할까 염려하거나, 일 자체에 열정이 있다기보다 돈에 관심이 많은 경우다. 누군가가 급여를 덜 받고 있어서 우리가 싼 비용으로 재능을 취할 수 있기 때문에 그 사람을 채용할 생각은 없다. 동시에 누군가를 정말로 채용하기 원할 때 충분한 급여를 주지 못할까 봐 걱정하지도 않는다. 많은 회사가 종 모양의 정규분포나 6퍼센트 능률제 승급, 엄격한 연봉 테이블 등을 두고 있지만 넷플릭스는 융통성 없는 보상체계를 세우지 않았다. 우리는 필요한 만큼 자유롭게 지급했다. 따라서 대놓고 숫자를 얘기할 이유가 없었다. 한편으로는 그렇게 함으로써 돈에만 관심이 있는 후보자들을 솎아내고 싶었다. 우리는 그런 사람들에겐 이렇게 말했다.

"당신은 우리 회사에 적합하지 않습니다. 지금 당신에겐 돈을 좇는 게 중요해 보이네요. 그렇다면 우리 경쟁사로 가보세요!"

넷플릭스에는 보너스 시스템도 없었다. 당신의 직원들이 회사를 우선순위에 놓고 자기 일을 알아서 하는 '어른'이라면 연말 보너스가 그들을 더 열심히, 더 스마트하게 일하도록 만들진 않는다. 우리는 대부분의 회사가 하는 것과 완전히 다른 방식으로 보상을 했다. 스톡옵션을 제공하는 것이었는데, 급여에 얹어서 주기보다 전체 보상 중 스톡옵션을 얼마나 원하는지를 선택하게 했다. 또한 일정 기간 회사에 붙들어두는 '황금 수갑'으로 이용할 생각이 없었기에 옵션 행사 기간도 부과하지 않았다. 매달 옵션권한을 주기도 했고, 옵션을 10년간 행사할 수 있도록 해 장기적인 주가 상승 혜택을 누리게 했다.

와비파커 CEO인 닐 블루먼솔은 경영진의 보너스 프로그램을 만드는 문제에 대해 내게 조언을 구했다. 내가 몇 가지 질문을 했다.

"당신은 주식과 현금을 결합하는 방식을 원하나요?"

"네."

"그리고 당신은 회사의 목표, 팀의 목표, 부서의 목표, 개인의 목표에 근거해 보너스를 지급하길 바라겠죠?"

"네."

"지난번에 당신은 매장을 좀더 열 거라고 하지 않았나요? 당시 50대 50의 기회가 있을 때 그 전략이 어떻게 효과를 낼지에 대해 이야기했잖아요. 그런데 이제 재무팀, 이사회, 주식위원회에 설명해야만 하는 매우 복잡한 보너스체계를 만들려고 하는군요. 그들이 동의한다면, 당신은 이제 목표를 어느 정도 달성했는가를 기록할 소프트웨어를 만들어야 합니다. 목표가 현실적이었든 아니었든 상관없이 말이죠."

"하지만 그들에게 보상하고 싶습니다."

"목표치를 모두 달성하고 모든 게 효과를 내고 있다면 그들에게 수만금을 주세요. 주식을 퍼부어주세요. 목표치와 연동하는 보너스체계 같은 것은 필요 없습니다. 나는 당신과 당신 팀을 알아요. 보너스 프로그램이 좋아졌다 해서 지금껏 하지 않았던 어떤 일을 신이 나서 할 사람들이 아니잖아요."

훌륭한 동료와 어려운 도전 과제가
동기를 부여한다

|

일을 하는 데 가장 큰 원동력이 훌륭한 동료와 어려운 도전 과제라는 사실을 나도 곧바로 이해했던 건 아니다. 하지만 인력 규모를 유지하는 문제에 대해 매우 엄격해야만 한다는 점만큼은 일찌감치 깨달았다. 우리는 직원들에게 장기적인 커리어에

대한 어떤 약속도 할 수 없었다. 우리는 그 부분에 대해 꽤 개방적이었으며, 시간이 지나면서 이런 특징이 최고 성과자들을 영입하는 데 어떤 제약도 되지 않는다는 것을 알게 됐다.

존 치안커티와 이 문제를 얘기했을 때 그는 직원들이 이 접근방식에 대해 우리의 기대대로 생각하게 될 것이라고 말했다.

"2001년 해고 사태 이후 넷플릭스의 인재 밀도는 놀랄 만한 수준이 됐습니다. 경영진은 넷플릭스가 어떻게 해서 높은 성과를 내는 훌륭한 사람들이 모이는 회사가 됐는지를 얘기하곤 했죠. 내가 들은 것은 '이곳에 당신을 위한 장기적인 길이 있다고 기대하지 말라'였습니다. 그러나 내게는 훌륭한 사람들과 일하고 성장할 기회가 승진을 보장받는 것보다 훨씬 중요했습니다."

명석함의
다양성

넷플릭스는 항상 구글과 비교된다. 같은 인재를 놓고 경쟁하는 일이 잦기 때문이다. 하지만 두 회사는 채용에 대해 완전히 다른 접근 방식을 취하고 있다. 사업을 키우는 방식이 완전히 다르기 때문이다. 관리자 채용을 놓고 넷플릭스는 구글과 매우 치열하게 경쟁했다. 그러나 넷플릭스는 구글에 가고도 남았을 최고 인재들을 계속해서 데리고 올 수 있었다. 팀을 구축하고 직원을 관리하는 우리의 방식이 무엇인지를 굉장히 명확하게 표현했기 때문이다. 달리 말하면 구글이 제시하는 조건에 따라 경쟁하지 않으려고 노력했기 때문이라고도 할 수 있다.

나는 선마이크로시스템스에서 에릭 슈밋Eric Schmidt과 함께 일했다. 당시 그 회사는 놀라운 인재를 가능한 한 많이 채용하는 데 집중했다. 구글은 전 세계 정보를 조직한다는 원대한 목표가 있었기에 훨씬 더 했다. 당신 회사가 그것보다 더 큰 목표를 가질 수 있는가? 그런 측면에서 구글이 그렇게 많은 똑똑한 인재를 채용하는 것은 너무나 당연하다고 본다. 구글은 필요한 자원을 모두 갖춘 환경에 인재들을 데려다 놓고 수만 가지 아이디어를 콸콸 쏟아내도록 한 뒤, 그중 최고의 아이디어만 뽑아낸다. 구글의 리더들은 회사를 여러 방법으로 이끌어가길 원한다. 그들에겐 양이 중요하다. 하지만 넷플릭스는 본질적으로 한 가지를 하는 회사다. 그 한 가지를 하는 데 적합한 기술과 경험을 가진 최고의 인재가 필요하다. 나는 채용 과정에서 사람들에게 이렇게 말한다.

"마음을 자유롭게 하고, 현실을 뛰어넘어 온갖 급진적인 일들을 생각하고 싶다면 구글이 당신을 위한 곳입니다. 넷플릭스는 한 가지만 합니다. 우리는 특정한 제품의 결과로 고객을 행복하게 하기 위해 존재합니다. 당신의 열정이 그런 게 아니라면 구글로 가세요. 훌륭한 회사입니다. 그저 다를 뿐이죠."

나는 'A급 선수'라는 용어를 정말로 싫어한다. 특정 지위에서 최고인 사람을 결정할 수 있는 일종의 등급체계가 있다는 의미가 담겨 있어서다. 인재관리 분야의 사람들은 내게 넷플릭스가 어떻게 A급 선수들만 채용하는지를 묻는다. 그럼 나는 답한다.

"당신도 알다시피 A급 선수들만 살고 있는 섬이 따로 있을 거예요. 그런데 거기가 어딘지는 아무도 모르죠. 아마 이 바깥 세상은 아닌 것 같군요."

채용을 잘한다는 것은 연결을 잘한다는 뜻이다. 한 회사의 A급 선수가 다른 회사에선 B급 선수이거나 최하위 선수일 수 있다. 아무리 노력을 쏟고 온갖 평가를 하더라도, 직원들을 성공으로 이끌어주는 일반적인 공식 같은 것은 없다. 넷플릭스가 내보낸 직원 상당수는 그들이 우리가 하는 일에 뛰어나지 못해서가 아니라 다른 일에 더 탁월했기 때문이다.

적합한 사람을 찾는 일은 또한 '문화적 적합성'에 대한 것도 아니다. 누군가가 문화적으로 잘 맞는다고 생각할 때 당신은 무엇을 기준으로 하는가? 대부분의 사람이 실제로는 '함께 맥주를 마시고 싶은 사람'을 고를 것이다. 이런 접근법으로는 종종 방향을 잘못 잡을 수 있다. 사람들마다 성격이 다른데, 당신과 정반대의 성격이더라도 당신의 일에는 잘 맞을 수 있다. 넷플릭스가 채용을 잘한 사례로 앤서니 파크Anthony Park를 들 수 있다. 애리조나주의 한 은행에서 프로그래머로 일했던 그는 서류상으로는 우리가 찾는 자리와 완벽하게 들어맞는 것 같지 않았다. 프로그래머였지, 소프트웨어 개발자가 아니었으니 말이다. 꽤 과묵하고 조용한 사람이어서 그가 토론에 미친 넷플릭스 문화에 적응할 수 있을지도 약간 걱정됐다. 그러나 그가 넷플릭스 기능 향상 앱을 개발해 자신의 웹사이트에 게시했다는 사실을 누군가 알려줘서 그에게 전화를 걸게 됐다.

우리는 앤서니를 채용 인터뷰에 초청했고 모두 그가 만든 앱뿐만 아니라 그라는 사람 자체를 맘에 들어 했다. 그런데 대화를 시작하고 얼마 안 됐을 때부터 그의 얼굴이 벌개졌다. 나는 그에게 괜찮은지 물었다.

그가 말했다. "지금 나에게 스카우트 제안을 하시는 건가요?"

"맞아요"라고 내가 답했다. "은행의 프로그래머가 아니라 이곳의 엔지니어가 되면 어떨까요? 알다시피 이곳은 실리콘밸리이고 여기 물가는 살인적이죠. 그렇지만 당신이 우리 회사로 오겠다고 한다면, 가족과 함께 이곳에서 훌륭한 생활을 누릴 수 있도록 충분한 급여를 지급할 거예요.”

그는 당혹스러워 보였고 나는 다시 한번 그에게 괜찮은지 물었다. 그는 놀라며 이렇게 말했다.

“내가 하고 싶어 하는 일을 하는데 회사에서 돈까지 준다는 거군요!”

나는 그가 합류하게 될 팀에서 어떻게 적응해갈지 궁금했다. 팀원들이 그를 몇 주 만에 탈진시키지 않기를 바랐다.

몇 달 뒤 그의 팀과 회의를 했는데 정말 강렬한 분위기였다. 모두가 주장을 내놓았고 불꽃 튀는 토론이 벌어졌다. 그가 갑자기 “내가 지금 말해도 될까요?”라고 말했다. 회의실이 조용해졌다. 그는 말이 많지 않았기 때문에 그가 뭔가를 말한다면 뛰어난 아이디어를 내놓을 것 같았다. 시간이 지나면서 모두가 그를 위해 잠시 멈추고 기다리는 법을 배웠다. 그는 항상 ‘젠장, 나는 왜 저 생각을 못 했지?’라고 무릎을 치게 하는 뭔가를 얘기했다.

그는 지금 그 부서의 부사장이다. 조직은 여러 사람의 스타일에 적응할 수 있다. 즉, 문화적 적합성이라는 것이 고정적인 게 아니라 양방향으로 맞춰질 수 있다는 얘기다.

이력서 너머를
들여다보기

|

넷플릭스는 인재를 찾기 위해 매우 창의적이 돼야 했다. 종종 매우 희귀한 기술을 가진 사람들을 찾아 나서야 했기 때문이다. 예컨대 빅데이터 전문가를 구할 때 '빅'이 무엇을 의미하는지를 제대로 아는 사람을 찾기가 어려웠다. 그렇다고 마냥 이력서를 뒤지거나 키워드를 검색할 수는 없는 노릇이었다. 인재 영입 담당자들은 방대한 데이터를 다루는 여러 회사를 떠올리며 상상을 해야 했다. 처음엔 다들 보험회사나 카드회사를 떠올렸다. 당시만 해도 우리에겐 사람들이 가진 기술을 조사할 만큼 충분한 지식이 없었다.

넷플릭스에서 기술 분야 최고 인재는 베서니 브로드스키 Bethany Brodsky다. 그녀는 넷플릭스에 오기 전까진 기술에 대해 사실상 아무것도 몰랐다. 하지만 그는 우리 사업과 근원적인 당면 과제를 제대로 이해했다. 그녀는 사람들의 경험보다 그들의 문제 해결 접근법을 살피는 것이 훨씬 더 중요하다는 점을 이해하고 있었다.

베서니가 꼽은 자신의 최고 채용 인터뷰는 정부의 핵기술 분야 연구센터인 로런스 리버모어 래버러터리Lawrence Livermore

Laboratory에서 일하던 사람을 채용했을 때다. 당시 넷플릭스가 처음으로 스트리밍 서비스를 시작했을 때라 관련 장치가 엑스박스Xbox, 로쿠Roku, 티보Tivo 등 몇 개밖에 없었다. 베서니는 인터뷰에서 후보자들에게 이 3개 장치 가운데 하나를 통해 최근 30일 동안 100만 명의 신규 구독자가 등록했다는 사실을 얘기했다. 그러곤 3개 중 어떤 장치일지를 후보자들에게 물어봤다. 당시 Tivo가 급격히 인기를 얻고 있었기 때문에 대부분 후보자가 "당연히 Tivo"라고 답했다. 그러나 한 남자는 특정 장치로 넷플릭스에 가입하는 데 특별한 조건이 있는지를 물었다. 그녀는 Xbox를 이용하려면 '골드멤버십'이 있어야 한다고 말했다. 그러자 그는 Xbox가 틀림없다고 답했다. 사용자들이 이미 프리미엄을 지불할 용의가 있기 때문에 넷플릭스 이용을 위해 추가 비용을 지불할 가능성이 더 크다는 논리였다. 그가 옳았다. 그 순간 베서니는 그가 우리 사람이라고 생각했다.

나 역시 크리스티안 카이저Christian Kaiser를 인터뷰했을 때 비슷한 '아하!'의 순간을 경험했다. 그는 AOL에서 스물다섯 명의 프로그래머로 이뤄진 관리 그룹에서 일했다. 나는 그의 그룹에서 꽤 많은 사람과 인터뷰를 했다. 그들이 우리 일과 비슷한 기술이 요구되는 업무를 하고 있었기 때문이다. 하지만 그들 모두 AOL에 머물기를 원했다. 객관적으로 봐도 넷플릭스가 AOL

보다 훨씬 매력적인 일터였기 때문에 그들이 왜 이직을 원하지 않는지 당황했다. 내가 물어보자 그들은 이렇게 말했다.

"우리는 가장 훌륭한 상사 밑에서 일하고 있어요. 그는 최고의 커뮤니케이터죠. 그를 떠나는 건 생각조차 할 수 없어요."

그래서 나는 기업에 필요한 사람을 모집하는 채용 담당자(리크루터)에게 "가서 그 남자를 데려와 주세요"라고 말했다. 그가 사무실에 들어왔을 때 나는 무척 놀랐다. 강한 독일어 악센트를 갖고 있었을 뿐만 아니라 말도 더듬었기 때문이다. 이 남자가 훌륭한 커뮤니케이터라고? 게다가 그는 상당히 긴장하고 있었다. 최근 수년간 인터뷰를 한 적이 없었던 것이다. 그에게나 나에게나 인터뷰는 진심으로 고통스러운 시간이었다. 그런데 지금 하고 있는 매우 복잡한 기술적인 일을 쉽게 설명해줄 수 있는지 물어보자 그는 돌변했다. 그는 여전히 말을 더듬었지만 이목을 집중시키는 설명을 했다. 나는 깨달았다. '저거야! 그는 매우 복잡한 일을 이해시키는 데 탁월하군.' 그는 넷플릭스에 와서 놀라운 팀을 구축했다. 그는 또한 새로운 프로젝트가 생기면 새 팀을 이끌기 위해 기존 팀을 떠났다. 그는 자기가 없어도 잘 돌아가는 훌륭한 팀을 만듦으로써 '내 팀'에 대한 정의를 다시 내렸다.

우리는 후보자들을 좀더 깊이 조사하고 그들의 이력서를 깊이 파고드는 일에서 창의성을 발휘하고자 노력했다. 베서니는 일단 넷플릭스가 지금까지 채용했던 데이터 사이언스 분야 직원들의 이력서를 분석하기로 했다. 이들 사이에 어떤 공통점이 있는지 보기 위해서였다. 그 결과 모두가 열렬한 음악 팬이라는 특징이 드러났다. 그때부터 그녀의 팀은 해당 업무 후보자들을 인터뷰할 때 음악에 흥미가 있는지를 물었다. 공통된 특징을 갖고 있다면 팀에 적응하기도 훨씬 수월할 테니 말이다.

"우리는 정말 흥분해서 이렇게 외쳤어요. 여기, 내가 피아노 치는 남자를 찾았어!"

그녀는 또한 이런 사람들은 좌뇌와 우뇌를 쉽게 왔다 갔다 할 수 있다는 사실을 발견했다. 이는 데이터 분석에 꼭 필요한 능력이다.

채용 문화를
구축하라

넷플릭스에서는 사업의 기술적인 특징 때문에 각 팀의 관리자들이 채용 과정에 관여하게 되어 있다. 그러나 나는 모든 회사에서 그래야 한다고 생각한다. 새로운 팀원을 영입해야 하는 관리자들은 회사의 채용 접근법이 무엇인지, 모든 세부 사항이 어떻게 실행되는지를 깊이 알아야만 한다. 고위 관리자들도 마찬가지다.

베서니는 한때 리드와 함께 공석이 된 이사 자리의 후보를 물색했다. 그들은 목요일 아침에 만나서 어떤 유형의 후보자를 찾고 있는지 논의했다. 다음 날 오후 리드는 그녀에게 메일을 보내 자신이 링크드인LinkedIn에서 찾은 스무 명의 후보자에게 메시지를 보냈고 그중 세 명에게서 답장을 받았다고 알렸다. 그는 또한 그중 한 명과 스카이프Skype로 전화 인터뷰를 진행했는데 아주 맘에 들었다며 월요일에 직접 만나보라고 했다.

나중에 베서니가 말하길, 당시 리드로부터 메일을 받은 뒤 그녀는 훨씬 나은 누군가를 찾아야겠다는 생각이 들었다고 한다(하지만 최종적으로 리드가 선택한 남자가 채용됐고, 아주 탁월한 선택임이 입증됐다). 이처럼 리더가 깊이 관여할수록 채용 담당자들은 경쟁의식을 느끼게 된다.

채용 담당자들의 업무는 새로 팀원을 영입해야 하는 부서의 관리자를 코치하는 것이다. 담당자들은 모든 후보자 한 명 한 명을 세밀하게 검토할 수 있도록 PPT를 만들며, 팀원을 구하는 관리자에게 이렇게 묻는다.

"당신의 인터뷰 과정은 어떤가요? 당신의 인터뷰팀은 어떤

가요? 인터뷰를 위해 사람들을 데려오는 구조는 어떻습니까?"

하지만 모두가 똑같은 방식으로 인터뷰에 접근하고 자료를 찾을 필요가 없다. 최고의 채용 담당자들은 후보자를 물색하고 내보내는 온갖 방법을 알고 있다. 넷플릭스는 "항상 모집 중입니다!"를 내세우고 있는 기업이니 말이다. 전문적인 회의에서부터 아이들의 축구경기 코치까지 모든 곳에서 후보자들을 찾아냈다. 그러나 기본적인 것들은 엄격하게 집행돼야 한다. 나는 모든 직원은 인터뷰를 기다리고 있는 낯선 사람을 본다면 멈춰 서서 이렇게 말하도록 하는 철칙을 세웠다.

"안녕하세요. 나는 OO입니다. 당신은 누구인가요? 인터뷰 보러 왔나요? 누구 기다리고 있나요? 당신 차례가 언제인지 확인해드릴까요?"

그 메시지가 직원들에게 분명하게 전달된 게 분명하다. 한번은 내가 후보자와의 인터뷰 약속 시간에 늦었는데, "죄송합니다. 지루하셨죠? 누군가가 당신에게 말을 걸었기를 바랍니다"라고 말했더니 그가 "아니, 전혀요. 여섯 명이나 말을 걸어주더군요"라고 답한 것이다.

직원을 채용하려는 관리자는 채용 인터뷰를 어떤 회의보다 우선했다. 예외가 있다면 경영간부회의뿐이었다. 정말이다! 당신이 후보자들을 평가하는 것처럼 그들도 당신을 평가한다. 사람들은 이 사실을 곧잘 잊는다.

우리의 목표는 인터뷰를 마치고 나가는 모든 사람이 넷플릭스에 와서 일하고 싶어하는 것이다. 우리에게 합격점을 받지 못한 사람일지라도 말이다. 나는 그들이 이렇게 생각하길 바랐다.

'와, 믿을 수 없는 경험이었어. 효율적이고 효과적이고 시간도 딱 맞았어. 질문은 맥락이 있었고 사람들은 똑똑했으며 나는 존중받았어.'

나는 채용 업무를 담당하는 직원들에게 이렇게 말하곤 했다. "이 후보자가 완전히 적합하지 않더라도 그의 옆집에 사는 사람이 우리가 찾는 인재일 수도 있습니다."

결국 결정을 내리는 것은 관리자의 몫이다. 팀원들은 조언을 주고, 나와 인재관리팀은 가중치를 부여한다. 그러나 궁극적인 책임은 관리자에게 있다. 우리는 일단 결정이 내려지면 가능한 한 빠르게 행동했다. 인사부나 급여 및 복리후생 담당 부서, 몇 단계에 걸친 경영진의 승인은 필요하지 않다. 내 팀의 직원들은 후보자의 직책이나 기타 세부적인 지원 내용, 보상체계를 결정하기 위해 직원을 채용하려는 관리자와 직접 일했다. 채용 담당자들이 기초를 닦으면 관리자가 제안하는 식이다. 속도와 효율성은 그 후보자가 다른 경쟁사와 인터뷰하는 것을 막을 수 있다는 의미이기도 하다.

인터뷰와 채용 과정은 당신의 회사가 어떻게 운영되는지에 대해 강한 첫인상을 심어준다. 그 인상이 좋다면 채용이 더 수월해지겠지만, 나쁜 인상을 줬다면 갈수록 채용에 어려움을 겪을 것이다.

인재관리 직원들은 비즈니스맨이 돼야 한다

얼마 전 한 스타트업의 인재관리 부문장이 자신의 팀이 신입사원을 맞이하는 업무를 효과적으로 해낼 방법을 논의하는 미팅을 구상하고 있다고 말했다. 그녀는 "채용 담당자들도 불러야 하나요?"라고 물었다. 새로운 직원의 채용을 돕는 구체적인 일을 하는 사람들이 신입사원 입회에 관한 회의에 초청받아야 하는지 아닌지를 정말로 몰랐던 것이다. 슬픈 진실은 대부분의 회사가 채용 담당자를 별도의, 비사업부의, 심지어 인재관리 기능이 없는 사람들로 취급하고 있다는 점이다. 많은 신생 기업이 채용 업무를 외부 업체에 맡기거나 단지 기록 보관, 티켓 접수, 행정, 서류정리 등의 업무를 하는 한두 명만을 두고 있다.

시간이 지나면서 우리의 전략은 회사 내부에 채용 업무를 전담할 '회사'를 설립하는 쪽으로 발전했다. 그 결과 최고 수준의 회사가 됐다. 우리는 가장 높은 수준의 후보자들을 원했기 때문이다. 나는 외부에서 제시카 닐Jessica Neal을 영입해 그 팀의 운영을 맡겼다. 유능한 팀을 구축하는 일은 상당한 투자이기에 최고의 비즈니스 사례를 만든 것이다. 넷플릭스는 이를 통해 외주 헤드헌터 비용을 제거함으로써 수년에 걸쳐 많은 돈을 아꼈다.

또한 인재채용팀에게는 그들이 사업을 구축하는 데 큰 몫을 할 것이며 사업의 니즈를 깊이 이해해야 한다는 점을 분명히 했다. 각 부서의 관리자들이 인재관리팀을 사업 파트너로 대접하게 된 것도 기분 좋은 덤이다.

나는 인재관리 직원들에게 말했다. "우리는 서비스 조직입니다. 종업원이 아닙니다." 우리의 일은 직원을 채용하는 관리자들에게 서비스하는 게 아니다. 넷플릭스 고객들에게 서비스하는 것이 우리의 일이다. 나는 내 직원들이 제품관리자나 마케터뿐만 아니라 고객의 니즈를 알아야 한다는 사실을 이해하기를 바랐다. 즉, 회사 제품에 대해 개발자만큼이나 깊이 이해해야 했다.

우리 채용 담당자들이 사업 구축에 결정적인 역할을 한 사례는 넷플릭스가 게임용 하드웨어로 서비스를 확대하고자 할 때였다. 우리는 모든 게임 서비스 회사와 거래 협상을 해야 했다. 우선 Xbox를 손에 넣었고 닌텐도 위Wii도 갖고 싶었다. 우리로선 완전히 다른 사업으로 뛰어든 셈이었다. 하드웨어 장치는 몇 년 주기로 새 제품이 나온다. 그런데 우리는 몇 주마다 새로운 코드를 사용하는 인터넷 회사였다. 마침내 닌텐도와 거래가 성사됐다는 좋은 뉴스를 들었을 때, 나는 Wii를 염두에 두고 개발팀 부문장에게 물었다.

"우리 회사에 닌텐도 하드웨어에 대해 아는 사람이 있나요?"

없었다. 그에게 Wii와 호환되는 서비스를 개발하는 데 얼마나 많은 시간이 걸리냐고 물었더니 8개월이라고 답했다. 이렇게 마감일을 정하지 않았다면 Wii 서비스를 출시하는 데 2년이 걸렸을 것이다.

나는 사무실로 가자마자 베서니에게 전화했다.

"지금 하던 일을 잠깐 멈추고 바로 내 사무실로 와줘요. Wii 팀을 어떻게 만들어야 할지 브레인스토밍을 해야 합니다."

8개월을 전진한 끝에 우리는 Wii 서비스 출시 축하파티를 열었다. 베서니가 내 옆에 서 있었는데, 눈가가 촉촉해져 있었다. 나는 깜짝 놀라 무슨 문제가 있느냐고 물었다. 그녀는 잔뜩 들뜬 목소리로 말했다.

"아, 내가 팀을 만들었어요! 내가 Wii 서비스의 출항을 도왔어요!"

Wii팀은 소감을 전하면서 이렇게 말했다.

"베서니 브로드스키에게 감사드립니다. 그녀가 없었다면 오늘 우리는 이 자리에 없었을 겁니다."

이것이 바로 내가 원했던 모습이다. 채용 담당자들이 회사의 사업 성공에 자신이 얼마나 기여했는지를 실감하고 모든 관리자가 채용 담당자의 가치를 알아주는 것 말이다.

채용 담당자들이 최적으로 일하게 하려면 직원을 채용하는 부서의 관리자들이 책임을 지도록 해야 한다. 어느 날 최고의 채용 담당자로 손꼽히는 직원이 신임 임원과 커뮤니케이션에 문제가 있다고 말했다.

"그는 내 전화를 받지 않고 이메일에도 회신하지 않아요. 그에게 이력서를 보냈는데 답이 없네요. 그에게 훌륭한 팀을 만들어주고 싶었는데 너무 기운이 빠져요. 내가 회사를 실망시키고 있는 것 같아요."

내가 말했다. "당신은 다른 부서 일을 맡아줘야 할 것 같네요. 이 문제는 내가 처리할게요."

그런 뒤 나는 해당 임원에게 이메일을 보내 채용 담당자를 다른 곳으로 배정했다고 알렸다. "당신에게 채용 담당자의 도움이 필요하지 않은 것 같아 보여서 담당자를 다른 프로젝트에 배정했습니다. 우리 도움이 필요하면 알려주세요."

몇 분 뒤 그가 내 사무실로 들이닥쳐 "도대체 무슨 일이죠?" 라고 소리쳤다. 나는 그에게 "채용 담당자가 미팅을 2개나 잡아놨는데 당신이 취소한 게 사실인가요?"라고 물었다. 그는 "당신도 알다시피 나는 바쁜 사람 아닙니까. 열 명과 일을 하고 있다고요"라고 했다. 나는 다시 물었다. "담당자가 당신에게 자격을 갖춘 후보자들에 대해 이메일을 보냈는데 회신하지 않은 게 사실인가요? 당신이 알다시피 팀을 구축하는 것은 당신의 일이지 그녀의 일이 아니에요. 그런데 말이죠, 그녀가 더는 당신과 일하지 않게 됐다는 사실에 기뻐하는 사람이 셋이나 있어요. 그녀는 훌륭해요. 대단한 파트너죠. 당신을 위해 채용 업무를 정말 잘해낼 수 있었어요. 하지만 당신에게 필요없다면 이만 됐어요."

나는 관리자들이 훌륭한 인재관리 직원들의 가치를 무시할 때면 화가 난다. 내가 관리자들에게 왜 채용 담당자들과 좀더 깊이 일하지 않느냐고 물으면 그들은 이렇게 말한다.

"그들은 그렇게 똑똑하지 않잖아요. 우리 사업에 어떤 일이 일어나고 있는지, 기술이 어떻게 작동하는지를 제대로 이해하지 못해요."

나는 이렇게 대꾸한다. "그렇다면 이제부터라도 그들에게 바라는 바를 요구하세요. 당신이 원하는 사람이 되도록 말이죠."

중요한 한 가지는 똑똑한 사람을 채용해야 한다는 것이다. 당신이 똑똑한 사람을 채용하고, 그들이 비즈니스맨이 되도록 요구하고, 그들을 사업 운영에 참여시킨다면 그들은 비즈니스맨처럼 일할 것이다.

나는 심지어 어떤 회사에는 인재관리 전문가가 아니라 비즈니스맨에게 인재관리를 맡기라고 조언하기도 했다. 그 자리의 사람은 다른 부서장들과 마찬가지로 회사 사업의 세부 사항과 회사가 어떻게 돈을 버는지, 회사의 고객이 누구인지, 미래를 위한 전략이 무엇인지를 이해할 수 있어야 한다.

내가 연례 인사고과를 좋아하지 않는 이유 중 하나는 이 일이 인재관리 부서의 시간을 너무 많이 잡아먹을 뿐만 아니라 사업 결과와 고객 간의 실제 연결고리를 간과하기 때문이다.

〈포천〉 선정 100대 기업 중 한 곳을 컨설팅하면서 인재관리 담당 고위급 임원에게 물었다.

"어떤 사업상 수치가 연례 인사고과의 영향을 받나요?"

그는 "질문을 이해하지 못하겠군요"라고 말했다. 나는 다시 물었다.

"연말 성과 검토를 끝내는 것이 사업의 성과지표에 어떤 영향을 주나요?"

그는 이번에도 "당신이 무엇을 물어보는지 모르겠소"라고 답했다. 나는 다시 물었다.

"매출, 성장률, 이익 같은 지표에 영향을 미칩니까? 그러니까 사업을 측정할 수 있는 지표들 말입니다."

그런 뒤 인재관리 직원들이 연례 성과 검토에 얼마나 많은 시간을 쓰는지를 묻자 그는 "그야 모르죠! 하지만 그 일은 가치가 있어요"라고 답했다. 단순히 '그럴 만한 가치가 있다'라는 느낌만 가지고 너무나 많은 에너지를 쏟는 셈이다. 이런 일이 정당화될 수 있는 회사는 어디에도 없다.

인사고과에 너무 많은 시간을 소모하는 대신 모든 직원이 그 시간을 놀라운 재능을 발휘하는 데 사용한다고 상상해보라. 얼마나 많은 일이 일어날 수 있겠는가.

이 장의 핵심

▶ 훌륭한 성과를 내는 인재를 채용하는 것은 인력이 필요한 부서 관리자에게 가장 중요한 업무다. 채용을 하려는 관리자들은 적극적으로 인재 후보군을 만들고 채용 과정의 모든 측면을 이끌어야 한다. 그들이 바로 수석 채용 담당자다.

▶ 가장 성공적인 회사나 팀은 인재풀을 적극적으로 채운 결과 경주에서 앞설 수 있었다.

▶ 직원의 이탈을 얼마나 방지했는지가 팀 구축의 성공을 평가하는 척도는 아니다. 팀의 모든 직책에 훌륭한 인재를 두는 것이 가장 좋은 방법이다.

▶ 그동안 일을 잘했던 직원일지라도 때론 떠나보내야 한다. 그래야 새로운 기능과 기술을 보유한 고성과자를 영입할 공간이 마련되기 때문이다.

▶ 보너스, 스톡옵션, 높은 연봉, 심지어 승진조차 고성과자에겐 가장 강력한 원동력이 아니다. 배울 수 있고 함께 기쁘게 일할 수 있는 훌륭한 인재들로 이뤄진 팀에서 일하는 기회가 가장 강력한 유혹이다.

▶ 훌륭한 채용은 A급 선수를 영입하는 문제가 아니다. 그보다는 당신 회사에 꼭 필요한 연결점을 찾는 것이다. 한 팀에서 높은 성과를 내는 사람일지라도 다른 팀에 가면 그렇지 않을 수도 있다.

▶ 이력서를 넘어서라. 인재를 발굴할 때는 정말로 창의적이 돼야 한다. 경험 목록 그 이상을 파고들어라. 폭넓은 경험을 고려하고 그 사람의 근원적인 문제 해결 능력에 집중해라.

▶ 매우 인상적인 인터뷰 경험을 제공해라. 채용 과정이 끝났을 때 당신이 인터뷰한 모든 사람이 회사에 들어오고 싶어 하도록 만들어라.

▶ 인재관리 담당자들은 회사가 어떻게 운영되는지를 잘 이해하는 비즈니스맨이 돼야 한다. 그들은 관리자들에게 창의적이고 적극적인 파트너. 당신에게 필요한 인재상의 세부 내용을 인재관리 담당자에게 설명한다면 상당한 만족을 얻게 될 것이다.

리더에게 필요한 질문

- 당신 회사에서 가장 성과가 높은 직원들이 떠난다면, 그 자리를 채우는 문제에 대해 당장 전화를 걸어 의논할 수 있는 두 명의 이름을 떠올릴 수 있는가?

- 당신 회사의 사업은 어떤 변화를 겪고 있는가? 그런 변화가 예상보다 빨리 일어났을 때 회사에 필요한 인재를 스카우트하기 위해 채용 인터뷰를 할 준비가 얼마나 돼 있는가?

- 영입 후보자를 찾을 때 얼마나 창의적으로 임하고 있는가? 전문적인 네트워크에서 선도적인 방법을 고안하기 위해 시간을 쏟았는가? 후보자를 찾는 일이 당신의 주된 책임이라고 여기는가, 아니면 채용 담당자들이 찾아와 주기를 기다리는가?

- 채용 후보자들이 경험하는 인터뷰 과정은 얼마나 사려 깊고 엄격한가?

- 당신과 함께 일하는 채용 담당자들이 직무에 대한 세부 사항과 당신이 바라는 자격 조건을 얼마나 잘 이해하고 있다고 생각하는가?

POWERFUL

7장

직원의 가치만큼 보상하라

직원들이 당신에게 가치 있는 만큼 지불하라.
가치의 기준은 직원의 재능과 경험을 바라보는
당신의 개인적 판단이다.

내게 가장 도전적인 컨설팅 주제 중 하나는 보상에 관한 것이었다. 다른 회사에 뒤지지 않는 급여를 지급하는 것은 고급 인재를 채용하기 위한 필수 조건이다. 하지만 거의 모든 기업에서 업계 급여 수준을 의식하기 때문에 경쟁에서 이길 만큼 급여를 주는 것은 몹시 벅찬 일이다. 급여에 관한 정보를 얻을 수 있는 수많은 통계와 조사자료가 있다. 모든 영역을 아우르고 직급을 정교하게 나누어 제시하기도 한다. 놀랍도록 세밀하다. 하지만 당신이 채워야 하는 일자리가 이런 통계나 조사자료의 직무분석으로 정확히 설명이 안 될 만큼 전문화돼 있을 수 있다.

한편 채용에서는 이들 자료가 측정할 수 없는 기량을 요구할 수도 있다. 일테면 탁월한 판단력, 협업 기술과 같은 것 말이다. 당신이 소프트웨어 엔지니어를 필요로 한다고 해보자. 당신은 검색 엔진을 개발하는 최신 기술에 능한 수석 프로그래머를 원하는가? 그리고 그 사람이 다섯 명의 직원을 관리할 줄도 알아야 하는가? 오, 또 그 사람이 마케팅팀과 효과적으로 일하면서 온라인 광고 전략도 세울 수 있어야 하는가? 급여조사는 이런 사람이 얼마를 받는지 또는 당신이 얼마를 지급해야 할지 알려주지 않는다.

급여와 복리후생을 담당하는 부서는 모든 요소를 적용하기 위해서 직무분석표를 참고해 계산하는 데 많은 시간을 보내게 된다. 그 과정을 통해 얻을 수 있는 거라곤 시장 전반을 어렴풋이 이해할 수 있는 기준뿐이다. 이런 자격요건의 조합을 가지고 얼마나 많은 인재를 발굴할 수 있을까? 인재관리 전문가나 채용 담당 관리자는 진짜 원하는 사람을 찾아내려면 이같은 셈법을 버리고 실제 시장 수요에 대응해야 한다고 강조한다.

하지만 시장 수요도 여전히 '당신이 제공해야 하는 보상'에 대한 가이드로는 적합하지 않다. 왜냐하면 현시점에 머물러 있기 때문이다. 반면 채용은 미래에 맞춰 이뤄져야 한다. 나는 널리 사용되고 있는 보상 시스템이 대체로 뒤처져 있다고 생각한다. 수많은 채용의 가치를 계산하는 데 별 도움이 되지 못한다. 채용 담당자가 당신이 필요로 하는 요건을 모두 갖춘 소프트웨어 엔지니어를 가까스로 찾아 데리고 왔다고 하자. 당신들 모두는 그녀가 마음에 든다. 하지만 그녀는 당신의 주요 경쟁사로부터 또 다른 제안을 받았다. 당신이 지급할 준비가 돼 있는 것보다 훨씬 높은 급여를 제공하는 좋은 대우로 말이다. 무엇을 제공할지 결정할 때 당신은 차선의 지원자 대신 당신에게 필요한 모든 기술과 경험을 갖춘, 진짜 훌륭한 이 엔지니어를 영입하면 사업의 미래에 어떤 차이가 만들어질 것인지를 고려해야 한다. 차선의 지원자는 그녀와 꽤 차이가 있을 것이다. 그리고 차선책을 택함으로써 채용하는 데 또다시 석 달이 더 걸릴 수도 있다. 결국 당신은 차선책을 포기하고, 처음 마음에 쏙 들었던 인재와 같은 수준의 기술과 재능을 가진 사람을 계속 찾을 것이기 때문이다.

첫 번째의 훌륭한 엔지니어는 추가로 얼마나 많은 매출을 창출하는 데 도움이 될까? 그녀가 엄청난 검색 시스템을 개발해 당신이 경쟁자를 물리치게 할 수도 있을 것이다. 또는 광고에서 타깃을 정확히 겨눔으로써 매출에 크게 기여할 수도 있을 것이다. 그녀의 관리 경험이 갖는 가치는 또 어떨까? 그녀가 훌륭한 팀장이라는 이유로 정말 좋은 팀원들이 다른 회사의 제안을 받고도 이직하지 않겠다고 할 수도 있다. 특히 당신의 사업 분야에 급격한 혁신이 일어나고 있다면 그녀가 당신의 경쟁사로 가지 않는다는 것의 가치는 더 높을 것이다.

현재 시장 수요와 급여조사는 당신이 미래에 더할 수 있는 가치를 계산하는 데 도움이 되지 않는다. 급여조사가 참고할 만한 가치가 없다고 말하는 것이 아니다. 다만 전혀 다른 것을 비교하기 위해, 그리고 다른 회사가 지금 얼마를 지급하는지를 계산하기 위해 그렇게까지 노력하지는 말라는 얘기다. 그럴 시간이 있다면 당신이 원하는 성과를 내기 위해 얼마를 지불할 수 있을지, 나아가 당신이 향하고 있는 미래에 좀더 집중하는 것이 낫다.

인사고과와
보상체계를 분리하라

내가 넷플릭스에서 한 첫 번째 일 중 하나는 급여체계와 피드백 과정을 떼어놓는 것이었다. 나는 이것이 바람직한지 어떤지는 고사하고, 가능하다는 점을 받아들이는 것조차 어렵다는 걸 인정한다. 이 두 시스템은 마치 서로 얽혀 있어서 분리할 수 없는 것처럼 되어 있다. 실제로 인사고과와 급여 인상, 보너스 계산이 단단하게 묶여 있는 것은 기업이 평가 과정을 그만둘 수 없게 하는 주요 요인 중 하나다.

그것들을 따로 떼어놓고 생각하는 것을 꺼리게 되는 이유는 이들을 한데 묶으면 성공이 확실한 것처럼 보이기 때문이다. 직속 부하직원에 대한 관리자의 평가는 하나의 프로그램에 반영된다. 그들의 직속 부하직원이 매긴 관리자 평가도, 동료에 대한 평가도 그렇다. 급여 인상은 미리 정해진 범위에 따라 이뤄지도록 권장된다. 그리고 부서에서, 분과에서, 회사 전체에서 낸 성과와 연동된다. 인사고과 점수가 좋다는 것은 그 사람이 회사에 더 좋은 가치를 가져다준다는 의미일 것이다. 하지만 그에게 얼마를 지급해야 하는지 밝힐 수 있는 방법이 왜 없겠는가? 연말 인사고과가 시간이 많이 드는 데다 효과도 없는, 터무니없는 것이라는 점 말고도 보상을 계산할 때 보수 결정에 들어가야 할 중요한 요소를 간과한다는 문제점이 있다. 직원들이 개발한 기술의 가치가 얼마나 되는지 같은 사항 말이다.

일의 가치를 설명하라

|

인사고과에 급여를 연결하는 것 외에 임금을 계산할 방법이 있다고 항상 생각했던 것은 아니다. 난 그것이 기본적인 감각을 만들어주긴 한다고 봤다. 하지만 나는 인사고과와 보상의 산출 과정이 터무니없이 복잡하다고 생각했고, 그걸 하기 싫었다.

경쟁사들이 과도하게 높은 급여를 제안하면서 넷플릭스 직원들을 빼가기 시작했을 때 깨우친 게 있다. 어느 날 구글이 우리 회사의 일반 직원 중 한 명에게 지금 보수의 거의 두 배를 주겠다고 했다는 얘길 들었다. 난 길길이 뛰었고, 그가 속한 팀의 경영진은 경악했다. 그가 매우 중요한 사람이었기 때문이다. 경영진은 그를 붙들어두기 위해 구글에 대응하기를 바랐다. 하지만 나는 단호했다. 그에게 그렇게 많은 급여를 지불할 방법은 없었다. 나는 그의 관리자를 포함하여 두세 명의 부사장과 열띠게 이메일을 교환했다. 나는 "단지 구글이 하나님보다 돈이 많다는 이유로 모든 사람의 급여를 결정해선 안 됩니다"라고 주장했다. 우리는 며칠 동안이나 언쟁을 벌였다. 심지어 주말에도 이 문제로 다퉜다. 그들은 계속 내게 "당신은 그가 얼마나 훌륭한지 이해하지 못해요"라고 했다. 나는 전혀 받아들이려고 하지 않았다.

하지만 일요일 아침 잠에서 깨어나면서 생각이 바뀌었다.

'아, 당연하지! 구글이 그를 원할 만해. 그들이 옳아! 그는 어마어마하게 가치 있는 개인화 기술에 힘을 쏟아왔고, 세계적으로 몇 안 되는 사람이 그 영역에서 그와 같은 전문성을 가지고 있어. 그가 우리와 함께한 일이 그에게 완전히 새로운 시장 가치를 부여한 거야!'

나는 급히 이메일을 보냈다. "내가 틀렸습니다. 손익을 따져 봤더니 우리는 이 팀에 속하는 모든 사람의 급여를 두 배로 올릴 수 있겠더군요."

이 경험이 보상에 대한 우리의 생각을 바꿔놓았다. 고유의 전문 기술과 희소가치를 창출하는 일에까지 내부적인 급여 범위를 엄격히 적용하면 결과적으로 회사 재정에 손실을 입힐 수 있다는 사실을 깨달은 것이다. 그들은 다른 곳으로 옮겨가 그 기술을 활용할 수 있고, 그러면 우리는 경쟁력에서 뒤질 것이기 때문이다. 우리는 직원들이 자신들의 가치만큼 대가를 받기 위해 떠나야만 하는 시스템을 사용하지 않기로 했다. 동시에 직원들에게 정기적으로 타사의 면접을 보라고 격려했다. 그럼으로써 우리는 우리의 대가가 얼마나 경쟁력이 있는지를 확인할 수 있었다.

시장 최고 수준으로
급여를 지급하는 것의 가치

|

우리는 또한 일반적인 관행에 따라 '보수가 시장의 상위 몇 퍼센트에 달하는지'로 급여 범위를 미리 설정한다 해서 최고 성

과자들을 더 많이 끌어올 수 있는 건 아니라는 점도 깨달았다. 그래서 넷플릭스는 시장에서 최고 수준으로 보수를 지급하기 위해 노력하기로 했다. 내가 컨설팅한 많은 사람은 자기 회사의 급여 수준을 시장에서 몇 퍼센트 수준이라고 평가했다. 그게 상위 65퍼센트라고 하자. 때때로 사람들은 이것을 해당 업무에 지급되는 시장 최고 수준의 65퍼센트에 이르는 보수를 지급한다는 의미로 받아들인다. 하지만 실제 의미는 산업 전체로 볼 때 해당 직무에서 일하는 사람 중 65퍼센트가 그들의 기업보다 적게 받고, 35퍼센트는 더 많이 받는다는 뜻이다.

이것이 타당하게 들릴지 어떨지는 모르지만, 계산 자체에 의문이 들 뿐 아니라 당신이 보고 싶어 하는 결과를 얻을 수 있는 계산과는 완전히 거리가 있다. '시장의 가치로 평가한다'는 말을 시장 전반적으로 정해진 범위에 고정된 비율로 보수를 설정하라는 의미로 해석해선 안 된다. '한 사람이 시간 안에 해내야 할 업무에 대한 시장 가치를 추정한다'는 의미로 받아들여야 한다.

사람들은 항상 내게 말한다.

"하지만 우리는 시장 최고 수준으로 보수를 지급할 여력이 없어요. 최고로 많은 돈을 지급하는 것은 넷플릭스엔 적합하겠죠. 회사가 날로 성장하고 있으니까요. 우린 성장하고 있지도 않고 여유도 없어요."

괜찮다. 단시일 내에 모든 자리에 최고 수준의 급여를 지급하는 것은 불가능할 수 있다. 그러면 일단 회사의 성과를 높여줄 잠재력이 가장 큰 직책을 찾아내고, 우선 그 자리부터 최고의 급여를 지급하는 것이다. 이 점을 생각해보라. 시장 최고 수준의 급여를 지급함으로써 최고의 재능과 경험을 갖춘 사람을 고용할 수 있고, 그 사람이 두 사람 몫을 해낸다면, 아니 심지어 그 이상의 가치를 더할 수 있다면 어떨까? 잘 알려진 '80대 20'의 법칙을 영업팀에 적용해보자. 당신 회사의 영업사원 중 20퍼센트가 회사 매출의 80퍼센트를 만들어낸다. 이 법칙은 다른 부서의 직원들에게도 적용할 수 있다. 나는 실제로 여러 팀에서 비슷한 효과를 확인했다.

하버드비즈니스리뷰에 실린 베인앤컴퍼니의 흥미로운 연구●는 이 전략의 가치에 강력한 근거를 제시한다. 25개 글로벌 기업의 인재 분포를 분석한 것인데, 평균적으로 15퍼센트의 직원만이 '스타'로서의 성과를 낸다는 것을 발견했다. 하지만 가장 성공적인 기업과 나머지 기업 간의 큰 차이점은 그 스타들에게 어떤 성격의 일을 맡기냐에 있었다. 연구자는 이런 결론을 내렸다.

● 마이클 맨킨스, "최고의 기업은 더 많은 스타들을 보유하는 것이 아니다. 그들을 한데 모아둔다", 하버드비즈니스리뷰, 2017년 2월 3일, https://hbr.org/2017/02/the-best-companies-dont-have-more-stars-they-cluster-them-together.

"최고의 기업들은 의도적으로 '불평등주의'를 활용했다. 그 기업들은 자사의 스타들을 개인이 회사의 성과에 가장 큰 영향을 줄 수 있는 분야에 집중시킨다. 결과적으로 사업에서 중요한 역할을 하는 자리 대부분(95퍼센트 이상)이 A급 인재들로 채워진다."

나머지 기업들에서는 스타들이 부서 전반에 걸쳐 광범위하게 배치돼 있었다.

시장에서 가장 높은 수준의 급여로 스타 성과자를 영입하는 것을 반대하는 사람들이 이야기하는 또 다른 이유는 그들의 급여가 기존 팀원의 급여보다 훨씬 높을 수 있다는 것이다. 이런 불균형은 불공평해 보일 수 있다는 것을 나도 안다. 넷플릭스에서도 이런 반대가 있었다. 우리가 다른 회사에서 기존 팀원보다 두 배 많은 급여를 받는 사람을 데리고 오길 원한다고 가정해보자. 부서장이 이런 질문을 할 것이다.

"그건 내가 직원들의 가치에 대해 보수를 절반밖에 지급하지 않는다는 뜻입니까? 그들이 모두 100퍼센트 적게 받고 있는 건가요?"

나는 되물을 것이다. "새로운 사람이 우리를 더 빠르게, 어쩌면 두 배로 빨리 움직이게 하지 않을까요? 그리고 우리가 그를 채용하면 당신 팀의 직원들이 그가 다니던 회사의 그 자리를 차지할 수 있을까요?"

보통은 이렇게 대답할 것이다.

"그렇죠. 아마도 우린 더 빠르게 움직일 겁니다. 그리고 팀원 중 누구도 그의 자리를 차지하진 못할 거예요. 그 사람과 같은 경험이 없기 때문이죠."

넷플릭스에서 우리는 새로 채용한 직원의 보수를 전 직장에서 받던 수준에서 합리적이라고 간주할 만큼 인상하는 대신, 시장 최고 수준의 급여를 지불하고 높은 성과를 요구하기로 했다. 한 관리자가 배경이 매우 비슷한 두 사람을 면접한다고 하자. 한 여성은 13만 달러를, 한 남성은 15만 달러를 번다. 오래된 임금 차별의 역사에 따른 일반적인 차이다. 그들이 비교적 괜찮다고 하자. 관리자는 그 둘 모두에게 16만 달러를 지급해야 할까? 답은 단호히 '그렇다'이다. 하지만 내가 이런 조언을 하면 종종 이런 반응이 나왔다.

"그건 미친 짓이죠! 우리가 14만 달러를 준다고 해도 그녀는 하늘을 나는 기분이 될 테니까요."

사람들은 또 보통 회사가 지급해야 하는 것보다 더 많은 돈을 지출하는 것은 재정 면에서 무책임한 것일 수 있다고 답한다. 그 사람이 이번 회계연도를 지나 꽤 오랫동안 창출할 가치보다 예산을 보전하는 것만 생각한다면, 한편으론 맞는 말이다. 그런데 불공정은 정작 다른 곳에 있지 않은가? 당신이 오랫동안 눈감아왔던, 여성에게 급여를 적게 지급하는 것 말이다. 고정된 급여를 지급하는 것은 노동 시장 전반에 걸쳐 형성된 이런 '임금 편견'을 영속시킨다. 기업은 공헌 결과에 따른 불균형이 아니라 이런 불평등을 불공정하다고 인식해야 한다.

내 경험에 비추어 보면 당신이 오로지 최고의 인재를 찾는 데 집중하고, 최고의 보수를 지급한다면 그들은 거의 항상 보수의 차이보다 훨씬 더 많이 사업 성장에 기여할 것이다.

직원 상여금을 주는 것에 대한 마술 같은 생각

|

핵심 인력에게 보상을 늘리려고 하는 시장 압력에 맞서기 위해 기업들이 시도하는 방법 중 하나가 상여금이다. 보너스는 더욱 더 복잡하게 잘못 설계되고 있다.

내가 볼랜드에서 일할 때 약 50킬로미터 떨어진 곳에서 사는 사람을 채용하려 한 적이 있다. 관리자가 그에게 '주택 등 이전에 대한 보너스'를 추가로 제안하라고 말했다.

"뭐라고요? 그 사람은 50킬로미터나 떨어진 곳에 살아요. 아마 옮기지 않을 거예요."

관리자가 말했다. "글쎄요. 그는 좋아할 겁니다."

물론이다. 하지만 사람들은 새집만이 아니라 새 차도 갖고 싶어 하지 않는가. 그것도 다 들어줘야 한다는 말인가?

명심해야 한다. 당신은 구인 제안서에 항목으로 써넣은 상여금이 급여의 일부가 아니고 일회적인 보너스 패키지라는 것을 말하면서 내년 급여 계산엔 포함되지 않는다는 점을 밝혔다고 생각할 것이다. 하지만 그 사람이 자신의 급여를 평가할 때는 무조건 계산에 들어가게 돼 있다. 그들이 이직할 때 연봉을 10만 달러에서 12만 달러로 올려주고, 당신이 거기에 2만 달러를 보너스로 더 줄 때, 그들이 그 보너스를 이직에 대한 보상으로만 여기지 않으리라는 점을 염두에 두어야 한다. 그러니까 내년에 연봉을 6퍼센트 인상한다면, 그들은 실제로 14만 달러를 받다가 12만 7,200달러를 받게 된다는 얘기다. 그들이 기뻐할 거라고 생각하는가?

시장가격을 평가하는 데 투명성이 도움이 된다

|

대부분 기업이 연봉과 그 밖의 보상을 비밀로 해야 한다고

생각한다. 내가 컨설팅한 한 창업자는 보상에 관한 정보가 의료 정보와 같다고 말하기도 했다. 기업이 연봉 조사 데이터를 얻기 위해 그렇게 많은 돈을 지불하는 것에서 내가 가장 말도 안 된다고 생각하는 부분이 바로 이런 점이다. 직원들과 공유하지 않으려는 점 말이다. 적어도 왜 그만큼의 보상을 받는지에 대해 직원들과 소통하는 자료로 활용할 수 있어야 한다. 기업들은 보상의 근거에 대해 설명하는 것을 주저해서는 안 된다. 그들은 일부 정보는 내놓지 않는다. 왜냐하면 매우 많은 기업이 일종의 '시장에서 차지하는 상·하위 백분율 규칙'을 따르고 있고, 직원들이 스스로 시장 수준보다 더 높은 보상을 받아야 한다고 느낄 것이라고 여기기 때문이다. 게다가 비슷한 가치를 가진 일을 한다고 생각하는 동료들보다 적은 돈을 받는다는 것을 알게 된 직원들이 불쾌해 할 것이라고 본다.

물론 그렇긴 하다. 보수만큼 사람의 감정을 상하게 하거나 들뜨게 하고 쑥덕거리기 좋은 소재가 또 있겠는가. 하지만 이것이야말로 보수를 투명하게 밝혀야 하는 중요한 이유다. 숨기는 것이 없을 때, 당신은 직원들에게 다른 이들이 그만큼 보수를 받는 이유를 설명할 수 있다. 차이를 설명할 수 있는 좋은 근거를 갖고 있다면 회사의 성과 문화를 강화할 기회도 된다. 만약 직원들과 공개적으로 나눌 수 있는 근거를 가지고 있지 않다면 그 이유를 살펴봐야 할 것이다.

나는 적합한 보상을 하는 가장 좋은 방법은 급여와 그 이면에 있는 철학에 대해 공개적인 대화를 하는 거라고 오랫동안 믿어 왔다. 사람들이 급여를 폭로하는 것이 선동적이라고 생각하는 주된 이유 중 하나는 보상이 비이성적으로 결정되는 경우가 비일비재하기 때문이다. 회사의 성과에 대한 기여보다 보스의 선호나 연공서열에 따라 보상이 정해진다는 의미다. 만약 직원들이 모두 실제 기여한 만큼 보상을 받는다면 당신은 이렇게 말할 수 있다.

"나는 그 사람이 한 해에 32만 5,000달러를 벌어들인다는 사실을 알고 있습니다. 당신이 버는 것에 미치지 못한다고 보일 수도 있어요. 하지만 우리가 굉장히 힘든 상황에서 벗어나는 데 그가 중요한 역할을 한 것이 다섯 차례였어요. 그의 훌륭한 결정이 기업에 가져온 순가치를 보상에 반영한 것입니다."

물론 이 정도의 개방성을 제도화하려면 매우 신중해야 한다. 연봉 자료가 왜 공유돼야 하는지와 급여를 결정하는 근거에 대한 의사소통이 사전에 충분히 이뤄져야 한다.

그렇다면 결국 인사고과에 따라 보수를 주어야 한다는 뜻일까? 아니다. 나는 성과에 따라 지급해야 하며, 일반적으로 이뤄지는 평가 방법을 전면 중단해야 한다고 생각한다. 성과에 따른 보수와 평가에 따른 보수 간에는 크나큰 차이가 있다. 아마도 가장 강력한 증거는 여성이 여전히 동일한 선상에 있는 남성과 똑같은 수준의 보수를 받지 못하고 있다는 것이다. 투명성이 강화되면 이 문제도 해결될 것이다.

실리콘밸리에서 여성의 급여가 남성의 70퍼센트에 못 미치는 이유가 여성이 협상을 잘 하지 못하기 때문이라고 주장하는 사람들이 있다. 여성이 전통적으로 적은 보수를 받는 인재관리와 경리 부서에서 주로 근무한다는 편견이자 사실에 크게 영향을 받은 결과다. 가장 보수가 높은 인재관리 직원이라 해도 기술 인력이 보통 받는 금액의 절반 수준밖에 받지 못한다. 기술력을 가진 인재의 희소성을 고려할 때 부분적으로 공급과 수요의 불일치가 원인이 되지만, 사업의 성과를 이 분야의 실적으로 부여하기 어렵다는 점 또한 반영돼 있다. 나는 여성들의 급여를 동등하게 올려주라고 기업에 권할 때마다 격렬한 항의를 받았다. 자기들은 절대 그러지 않겠다고도 했다. 한 CEO는 이렇게 말했다.

"우리 변호사가 그렇게 하도록 가만히 있진 않을 거예요."

내가 물었다. "당신 변호사는 뭘 걱정하는 건가요?"

그러자 그가 말했다. "글쎄요, 당신도 알잖아요. 나는 소송을 당할지도 몰라요."

갑작스런 얘기에 또 물었다. "당신이 당신 회사에서 여직원들의 연봉을 인상했다고 고소를 당한다고요? 아마 그런 일은 일어나지 않을 거예요."

그가 말했다. "아뇨, 아뇨! 그들은 나에게 소송을 걸 거예요. 내가 지금까지 잘못해왔다고 인정하는 셈이니까요."

나는 "당신이 틀렸어요!"라고 말했다. 잘못을 인정하면 소송을 당할까 무서워 여성의 급여를 남성과 동등하게 올리지 못하는 것이야말로 진짜 법적 책임을 물을 일이다.

여성이 협상을 더 잘하길 바라는가? 그들이 더 나은 사례를 만들 수 있도록 정보를 줘라. 그러면 당신이 깜짝 놀랄 수많은 일이 일어날 것이다.

이 장의 핵심

▶ 어떤 직업에 대한 기술과 재능은 직무분석 견본과 일치하지 않는다. 그러므로 연봉을 그 견본에 따라 미리 정해선 안 된다.

▶ 급여조사의 정보는 현재 시장 조건에 항상 뒤처져 있다. 급여를 제안할 때 조사자료에 의존하지 마라.

▶ 현재 당신의 사업에서 감당할 수 있는 급여 수준뿐만 아니라 신규 고용으로 벌어들일 수 있는 추가 매출을 고려해야 한다. 새로 영입한 직원이 해낼 수 있는 것이 무엇인지 생각해라.

▶ 시장에서 어느 정도의 상위 백분율로 보수를 주어야 하는지를 고민할 필요 없다. 대신 회사의 성장에 가장 중요한 분야에 대해서만이라도 시장 최고 수준으로 보수를 지급해보라.

▶ 이직의 대가로 보너스를 주는 것은 그 직원이 합류한 다음 해에 연봉이 줄었다는 인상을 줄 수 있다. 최고의 성과를 낼 수 있는 사람을 데리고 올 때는 당신이 필요한 만큼 연봉을 주는 것이 더 나은 선택이다.

▶ 보상 문제가 회사 전체적으로 투명해지면 그동안의 임금 편견도 점차 개선될 것이다. 나아가, 다양한 역할이 회사의 실적에 기여했다는 점에 대해 더 솔직하게 대화를 나눌 기회가 된다.

리더에게 필요한 질문

- 당신 팀에 합류한 이후 기술과 숙련도가 눈에 띌 만큼 성장한 직원이 있는가? 당신이 그에 상응하는 수준의 보수를 지급하고 있다고 생각하는가?

- 최근에 팀원 중 누군가가 다른 일자리 때문에 연락을 받았는지 알고 있는가? 당신은 직원들 모두에게 이직에 대해 터놓고 상의하길 원한다고 말한 적이 있는가?

- 정해진 연봉의 범위에 묶여 있는 것이 당신이 최고의 팀을 구축하는 것을 얼마나 방해한다고 생각하는가?

- 당신이 원하는 대로 채용할 수 있다면 당신의 팀이 무엇을 생산할 수 있으리라고 보는가? 경영진에게 사업적 타당성을 입증할 수 있는가?

- 만약 당신이 시장 최상위 수준의 보상을 하고 스타급 성과자를 채용해야 한다면 그 타당성을 어떻게 입증하겠는가?

- 당신은 보수에서 의도하지 않은 편향이 작용하는지 파악하기 위해 급여를 정기적으로 검토하는가? 이것은 빅데이터를 분석해야 하는 것도 아니다. 아마도 그냥 같은 직급의 남녀 간 평균 보수를 살펴보기만 해도 될 것이다.

POWERFUL

8장

멋지게 헤어져라

필요한 변화는 서둘러라.
관리자는 기존 팀원들이 좋은 기회를 찾도록 적극적으로 도와야 한다.
좋은 헤어짐은 얼마든지 가능하다.
출신 직원들이 자랑스러워할 기업이 돼라.

넷플릭스에는 엔지니어링 부문 이사가 있다. 그의 임무는 회사가 최우선으로 여기는 검색 능력을 향상시키는 것이다. 스트리밍 서비스를 시작하고 우리는 고객들이 좀더 쉽게 우리의 콘텐츠를 찾을 수 있는 기능을 지원해야 했다. 당시 페이스북이 출범했을 때라 그 이사는 우리가 페이스북과 협력해야 하고 그 플랫폼에서 존재감을 드러내야 한다고 주장했다. 그는 회의에서 이 문제에 대해 열정적으로 연설했다. 경영진은 페이스북과의 협업이 우리의 5대 우선순위 안에 들어가지도 않는다고 반응했다. 검색 능력을 향상시키는 것이 최우선이니 그 일에 집중하라고 거듭 강조했다. 그러나 그는 페이스북 플랫폼에 올라타야 한다는 주장을 굽히지 않았다. 내가 말했다.

"우리 모두 당신이 페이스북을 어떻게 생각하는지 잘 알겠어요. 하지만 당신은 검색 기능을 운영하고 있잖아요. 아마도 당신은 페이스북으로 가야 할 것 같군요. 그들은 당신을 즉시 채용할 거예요. 물론 당신을 잃는 것이 끔찍하고 미칠 일이겠지만, 우리에겐 넷플릭스 검색 능력을 향상시켜줄 사람이 필요합니다."

그가 탁월하긴 했지만 우리는 그저 탁월한 사람이 필요한 게 아니었다. 맡겨진 임무에 따라 팀을 이끌 탁월한 사람이 필요했다. 결국 그는 스타트업으로 떠났고 그의 팀원 중 한 명이 이사를 맡았다.

직원 모두에게 회사가 어디를 향해 가는지, 미래의 도전과 기회는 무엇인지를 분명하게 소통하는 리더십에는 여러 장점이 있다. 그중 하나가 직원들이 각자의 기술이 회사의 미래에 얼마나 잘 들어맞는지를 평가할 수 있게 한다는 것이다. 또한 그 미래에 자신들이 함께하기를 원하는지 아닌지를 생각하게 한다. 아니라면, 적극적으로 새로운 기회를 찾아 나설 수 있다.

앞서 얘기한, 넷플릭스에서 일하는 방식이 초창기와 얼마나 달라졌는지를 경영진이 이해하지 못한다고 말하던 엔지니어를 기억하는가? 진실은 그가 대기업에서 일하는 데 관심이 없었다는 것이다. 그는 얼마 후 믿을 수 없이 역동적인 스타트업 환경을 둘러보기 시작했고 자신이 너무도 원하는 방식으로 일할 기회를 찾았다. 우리 모두는 회사 내에서든 새로운 회사로든 주기적으로 이동할 준비가 돼 있어야 한다. 그래야 자신이 좋아하는 방식으로, 열정적으로 일할 수 있다. 또한 어떤 직원이 충분히 성과를 내지 못한다면 그에게 이 점을 지적해줘야 한다. 그래야 그가 빠르게 수정하거나 새로운 회사로 옮길 수 있다.

열 번의 경기마다
성과를 평가하라

|

인재관리를 스포츠팀에 비유할 수 있다. 코치가 최고 성과를 내지 못하는 선수를 교체하지 않으면, 나머지 팀원이나 팬들을 실망시키게 된다는 점에서 그렇다. 경기에서 이기는 것은 스포츠팀의 성패를 가르는 유일한 척도다. 그런 이유로 최고 성과를 내는 팀에서는 선수뿐만 아니라 코치도 쉽게 교체된다.

나는 스포츠 마니아는 아니지만 훌륭한 스포츠 코치들을 좋아한다. 컨설팅을 시작한 이후 때때로 프로 스포츠팀 코치들과 얘기하는 자리에 초대됐다. 한번은 캐나다 몬트리올의 세계 최대 하키경기장 벨 센터에서 열린 토론회에 참석했다. 나는 대기실에서 스코티 보먼Scotty Bowman과 함께 기다리고 있었다. 나는 그 전까지 들어본 적이 없었지만 북미아이스하키리그NHL 코치를 하다 은퇴한 사람이었다. 그는 NHL 우승컵을 아홉 번이나 거머쥐었으며 카나디엥, 피츠버그 펭귄, 디트로이트 레드윙스 팀에서 코치를 맡았다.

이런저런 얘기를 하던 중 그가 천장을 가리키며 "당신도 알다시피 우리는 아이스 밑에 있어요"라고 말했다. 나는 하키에 대해선 아무것도 몰랐지만 그와 함께 있다는 걸 영광스럽게 느껐다. 사회자가 나를 먼저 소개했다. 내가 무대로 나가자 박수가 쏟아졌다. 거대한 하키경기장 내에서 3개의 조명이 나를 비췄고 빌보드차트만 한 점보트론 스크린에 내 얼굴이 보였다. 잠시 뒤 사회자가 스코티를 소개했다. 그가 무대에 나오자 관중들은 열광했다. 그 순간 그는 하키계의 신이었고 나는 그가 팀을 수많은 승리로 이끌었던 경기장 한가운데 서 있었다.

사회자가 그에게 물었다. "당신은 너무나 유명한 선수들이 성공하도록 코치했습니다. 비결이 무엇인가요? 그들에게 어떤 피드백을 줬나요?"

그는 이렇게 답했다. "우리는 한 시즌에 80회의 경기를 합니다. 열 번의 경기마다 나는 모든 선수와 개별적으로 만나요. 선수마다의 모든 통계를 가지고요. 다른 코치나 팀원들에게도 선수에 대한 피드백을 듣습니다. 선수 스스로도 자기평가서를 가져옵니다. 그런 뒤 우리는 다음 열 번의 경기를 위해서 무엇을 해야 할지 이야기합니다."

사회자가 이번엔 내게 물었다. "당신은 연례 인사고과 시스템을 신뢰하지 않는 것으로 잘 알려져 있습니다. 하지만 당신이 그 대신 무엇을 조언하는지는 들어본 적이 없는 것 같군요."

나는 스코티를 돌아보며 답했다. "이분이 방금 말씀하신 것과 똑같은 방식이에요!"

연례 인사고과 시스템의 문제는 단순히 그것이 너무 경직되고 연봉 결정에 엄격하게 연동되기 때문만은 아니다. 시간과 비용을 너무 많이 소모한다. 그렇게나 많은 시간과 자원을 쏟아붓고도 정작 직원들에게 필요한 피드백이나 코칭을 제공하지 못한다는 게 더 큰 문제다. 많은 관리자가 직원들에게 업무와 목표에 대해 이야기할 때, 1년에 한 번 하는 형식적인 고과에 지나치게 의존한다.

당신이 연례 고과를 없앨 권한이 없는 관리자라면? 그래, 좋다. 스코티 보먼이 설명한 대로 직원들과 일대일 미팅을 자주 갖는 것부터 시작해라. 이는 훨씬 효과적이고 인간적이다. 당신이 직원들에게 성과 문제를 빨리 말할수록 그들은 무엇을 잘못 하고 있는지를 좀더 잘 보고 고칠 수 있다. 직원들은 종종 몇 달 전 성과가 부족했던 일 때문에 연례 고과에서 세차게 얻어맞고는 한다. 그 직원들이 속으로 이렇게 중얼거리는 것은 어찌 보면 정당하다까지 할 수 있다.

'그걸 몇 달 전에 말할 순 없었어? 이제 내게 형편없는 임금 인상률을 적용하려는 거군. 내게 문제를 제기할 기회조차 주지 않고 말이야!'

나는 또한 직원들에게 자신들의 성과가 다른 팀원이나 동료에게 어떻게 인식되는지를 알리는 것이 비판적인 관점을 갖게 하는 데 중요하다고 생각한다. 보스가 부정적인 피드백을 할 때는 그가 편견을 가졌거나 자신과 개인적인 문제가 있다는 식으로 쉽게 합리화하지만, 보스 이외의 사람들로부터 부정적인 피드백이 온다면 그런 합리화 뒤로 물러서기가 더 어렵기 때문이다.

형식적인 고과는
없애야 한다

|

내가 한 대기업의 최고인사책임자CHRO, Chief Human Resources Officer 에게 인사고과와 관련해 했던 질문을 곰곰이 생각해보라. 경영진은 평가 과정을 더욱 효과적이고 효율적으로 만드는 방법을 조언해주길 원했다. 나는 그녀에게 그곳 경영진이 나와 함께 일하는 걸 별로 좋아하지 않는 듯하다고 말했다. 왜냐하면 내가 추천하는 방법을 그들이 좋아하지 않는다고 확신했기 때문이다. 그녀가 나를 더 압박했고, 결국 나는 경영진과 한 시간가량 화상회의를 하기로 했다. IT 부문장과 내가 다른 사람들보다 먼저 들어왔다. 나는 그녀에게 "인사고과 프로세스에 대해 어떻게 생각하나요?"라고 물었다. 그녀는 "생각만 해도 끔찍해

요"라고 답했다. "우리 팀은 규모가 매우 큽니다. 그중 나는 중간 정도의 위치에 있고요. 이 화상회의를 잡는 데 왜 3주나 걸렸다고 생각하나요? 다른 것을 할 시간이 없기 때문입니다. 우리는 모두 하던 일을 멈추고 고과 작업을 하고 있어요. 비정상적으로 많은 시간이 쓰이고 있는 거죠."

모두가 들어왔을 때 나는 고과 프로세스와 관련하여 내가 가장 좋아하는 질문을 던졌다.

"연례 인사고과 프로세스가 당신 회사의 사업에 가치가 있다는 증거가 있나요?"

보통 그렇듯 그들은 가치를 말할 수 있을 만한 어떤 분석도 하지 않았다. 인재관리 부문장은 이렇게 반응했다.

"음, 우리가 진짜 알고 싶은 것은 그저 어떻게 하면 고과 프로세스를 좀더 효율적으로 만들 수 있느냐 하는 것입니다."

만약 당신이 고과 프로세스가 중요한 사업 지표에 기여하고 있다는 탄탄한 데이터를 찾을 수 없다면, 그것을 폐지하도록 로비 활동을 강력하게 벌여라. 내가 화상회의에서 CHRO에게 고과체계를 없애라고 조언하자, 그녀는 "그럼, 대신 무엇을 할 수 있죠?"라고 물었다.

좋은 질문이다. 규모가 크든 작든, 많은 훌륭한 회사가 전통적인 고과 시스템을 폐지하고 새로운 접근법을 만들었다. 액센

추어Accenture, 딜로이트, 제너럴일렉트릭GE 등이 대표적인 예다. 이들 기업은 넷플릭스가 그런 것처럼 고과 프로세스는 결함이 많고 시간을 너무 많이 잡아먹는다는 결론을 내렸다. 그리고 여러 훌륭한 대안을 개발했다. 내가 퓨어소프트웨어에서 일했을 때 우리는 연례 평가보다 훨씬 나은 분기별 평가로 바꿨다. 이는 좋은 시작이다. 내가 이런 방식을 추천하자 한 CEO는 이렇게 말했다.

"하지만 나는 연례 평가의 정보가 중요하다는 것을 발견했습니다."

좋다. 그런데 평가가 더 유동적으로 진행돼 더 현실적인 결과를 도출할 수 있다면 그 정보가 얼마나 더 중요하겠는가?

정교한 고과 프로세스를 없앤다는 게 많은 회사에서 어려운 결정이 되리라는 점을 이해한다. 그렇다면 회사 일부에서라도 없앤 후 어떤 일이 일어나는지 보는 것은 어떨까? 아니면 점진적인 단계를 선택할 수도 있다. GE가 수십 년간 운영해온 고과 프로세스를 변화시킨 방법이 그것이다. 이 회사는 전 세계 3만 명의 직원을 포함한 고과 시스템에 변화를 시험하기 위해 파일럿 프로그램을 운영하고, 피드백을 향상시키는 방법에 대해 직원들의 의견을 들었다. 그런 뒤 연중 내내 지속적으로 실시간 피드백이 가능한 모바일 앱으로 전환했다.

일반적인 고과 프로세스에 다른 요소들과 접목하여 유용성을 현격히 높이거나, 아니면 간단히 그만두라는 게 내 조언이다.

성과 향상 프로그램을
버려라

|

회사가 작별을 고하려는 직원들을 성과 향상 프로그램에 배정하는 것은 일종의 관행처럼 되풀이되어왔다. 프로그램이 수행되는 방식은 때로 잔인하기까지 하다. 누군가의 무능력을 내보이는 것에 지나지 않기 때문이다. 그들 중에는 한때 고성과자였던 사람들도 있다. 이들이 다른 회사에 가서도 고성과자가 될 가망이 없을까? 그들이 일하는 방식이나 쏟는 노력, 동료나 보스와 상호작용하는 방법에 문제가 없을 때도 많다. 그들은 멋진 사람들일지도 모른다. 다만 진화하고 있는 직무에 맞지 않거나, 회사에 필요한 다음 직무에서 높은 성과를 내기 어려워 보일 뿐이다. 당신에게 필요한 기술을 갖추지 않았다고 해서 직원들을 그런 프로그램에 배치할 이유는 없다.

누군가를 채용했는데 그들이 맡은 일을 해낼 수 없다는 것이 드러났다면, 문제는 그 개인에게 있는 게 아니라 채용 과정에 있는 것이다. 단순히 사람을 잘못 채용한 것이다. 이는 그들의 잘못이 아니다. 그들이 죄책감을 느끼거나 좌절감에 젖게 해선 안 된다.

누가 회사에서 나가야 할지에 대해 이런 방식으로 생각한다면, 관리자는 직원들과 언짢은 감정을 주고받지 않고도 좀더 정직한 대화를 할 수 있다. 누군가를 실패자로 만들 필요가 없다. 우리에게 필요한 일에 그들이 잘 어울리지 않는다는 점을 지적하면 그만이다. 이는 개인적인 문제도, 실패에 관한 것도 아니다. 팀의 목표와 직원의 기술 및 노하우를 일치시키는 문제다. 그렇다고 직원들이 실망하거나 슬퍼하거나 불행해하거나 화나지 않으리라는 얘기는 아니다. 나는 작별 인사를 할 때마다 누구보다 많이 울었다. 그러나 궁극적으로 직원들은 그 처사를 이해하고 당신이 거짓말을 하지 않았다는 점에 감사할 것이다.

나는 인재관리 업무를 하면서 성과 향상 프로그램에 많은 시간을 썼고, 실제 잘 작동할 수 있는 잠재력이 있다고도 생각했다. 하지만 넷플릭스에서 프로그래밍팀과 긴밀히 일하기 시작하면서 때때로 직원의 성과를 향상시키려고 노력하는 것보다 새로운 직무로 재빨리 옮기게 하는 것이 더 현명할 수 있음을 깨달았다. 나는 DVD를 항상 늦게 배달하는 몇몇 팀을 보고 깨달은 점이 있다. 이는 직원들이 열심히 일하지 않아서가 아니라 도리어 그들이 뼈 빠지게 일하기 때문이었다. 그들은 그저 자신들이 하는 일에서 가장 중요한 게 무엇인지를 몰랐을 뿐이다. 관리자와 동료들이 그들을 가르칠 수도 있겠지만, 그 일을 당장 할 수 있는 직원을 찾는 것이 더 효율적이다. 직원들의 개선을 도우려는 노력을 지체하는 것은 그들이 다른 회사에서 진정한 진전을 이루는 것을 방해하는 일이다.

넷플릭스의 한 팀에서 만장일치로 합격점을 준 채용 후보자가 있었다. 나는 그를 인터뷰한 뒤 좀더 자격이 있는 사람을 찾아봐야 한다고 확신했다. 그러나 팀은 "아뇨, 우리가 가르칠게요. 그가 속도를 낼 수 있도록 할게요"라고 말했다. "하지만 6개월 뒤가 아니라 지금 업무 속도를 높여야 하잖아요." 이렇게 내가 말했지만 그들은 고집했다. 6개월 뒤 그 불쌍한 남자는 훨씬 뒤처졌고 그의 팀은 완전히 절망했다. 그의 부족함을 보충하느라 미친 듯이 바쁜 반년을 보내야 했기 때문이다. 나는 잘 알고 있는 애플의 인재관리 담당자에게 전화를 걸어 그를 추천했다. 그는 넷플릭스를 떠나기도 전에 좋은 일자리를 찾았고, 마지막 날 내 사무실에 찾아와 커다란 꽃다발을 주고 갔다. 신의 가호가 있기를.

물론 성과 향상 프로그램이 누군가에게는 도움이 될 것이다. 직원이 일정 시간 내에 기술을 갖추도록 돕는 분명한 방법이 있다면 응원한다. 그렇게 해라. 그런 기술들이 새로운 소프트웨어를 익히거나 유창한 발표자가 되는 것처럼 기초적인 요건이 아닐지도 모른다. 더 나은 팀원이 되거나 직원 관리 방법을 배우는 것과 같은 소프트스킬일 수도 있다. 나는 많은 직원들이 대인 기술을 향상시키는 것을 실제로 목격했다. 현저한 개선이 이뤄질 가능성이 얼마나 있는지를 현실적으로 보는 것이 핵심이다. 누군가를 내보내기 위한 것이 아니라 성과를 높이는 것이 진짜 목표라는 점을 확실히 해야 한다. 그게 아니라면 성과 향상 프로그램을 폐지하는 것이 책임 있는 일이다.

소송을 제기하는 사람은
매우 드물다

|

많은 기업이 성과 향상 프로그램을 폐지하는 것에 대해 쉽게 결정하지 못하고 머뭇거린다. 해고자들로부터 소송을 피하려면 그런 조치를 취해야 한다고 생각하기 때문이다. 하지만 실제 회사를 상대로 소송을 제기하는 것은 매우 어렵고 시간도 많이 걸리는 일이다. 내 경험상 업무 성과를 향상시킬 수 있도록 지도를 받지 못했다는 이유로 법에 호소하는 사람은 한 명

도 없었다. 만약 소송을 하는 사람이 있다면 불공평한 대우를 받았다고 생각하거나, 자신의 업무 성과 또는 업무 적합성에 대해 들었어야 할 진실을 듣지 못했기 때문이다.

누군가가 소송을 제기할 만큼 화가 났다면 관리자가 그에게 이렇게 말했을지도 모른다. "당신은 굼뜬 데다 게으르기까지 해. 당신을 볼 때마다 짜증이 난다고. 당신 때문에 다른 사람이 얼마나 고생하는지 알기나 해? 이제 우리 그만 보는 게 어때?"

객관적인 진실이나 진정 어린 평가는 없고 비난 일색이다. 같은 상황일지라도 다음과 같이 말할 수 있을 것이다.

"앞으로 6개월이 지나 당신이 어떤 성과를 낼지 생각해보기 바랍니다. 우리가 당신에게 기대하는 것과는 매우 다를 거예요. 이 업무가 당신의 경험이나 방식과는 상당히 다르다는 뜻입니다. 만약 지금 우리가 채용 인터뷰를 하는 거라면 당신을 채용해야 한다는 확신이 들지 않는군요."

이 대화는 고통스러울지는 모르지만 진실을 전하고 있다. 이는 관리자나 직원 스스로가 직무에 적응할 수 있을지, 적어도 적응하고 싶어 하는지를 더 잘 평가하도록 해준다. 사람들은 자신이 그 일을 잘하고 있지 않다는 것을 잘 안다. 이는 그들에 겐 고역이다. 이럴 때 문제를 공개적으로 얘기하면 차라리 안도감을 느끼게 된다.

직원
참여에 대하여

|

비즈니스에서 쓰이는 '참여'라는 말은 '권한 부여'만큼이나 내가 싫어하는 단어다. 인재관리 담당자들로 가득 찬 콘퍼런스에서 연설을 하면서 나는 "누군가를 해고해본 사람 있나요?"라고 물었다. 모두 손을 들었다. 나는 다시 "좋아요, 가족을 해고한 사람은 얼마나 되나요?"라고 물었다. 손을 든 사람은 한 명도 없었다. "그럼, 회사에서 매일 '가족'이라는 단어를 사용하는 사람은 얼마나 되나요?"

전통적인 인재관리 분야에서 일하는 동안 내 업무의 상당 부분은 관계 치료였다. 사람들은 끊임없이 나를 찾아와 상사와의 사이에서 중재를 해달라고 요청했다. 결국 나는 중재를 그만두기로 했다. 내가 개입할 때마다 역효과가 났기 때문이다. 대신 해당 문제를 관리자뿐만 아니라 다른 사람들과도 공개적으로 소통하도록 모든 직원을 코치하는 일에 나섰다.

내가 참여라는 말을 싫어하는 이유는 직원들이 직무에 헌신하지 않았다는 의미를 담고 있어서다. 현실을 직시하자. 그런 사람들에겐 수확할 수 있는 열매가 많지 않다. 그들에게서 하나라도 더 짜내기 위해 애쓰기보다는 모든 자리를 고성과자들로 채우는 것이 현명한 길 아닌가?

나는 최근 한 명석한 신임 인재관리 부문장과 대화를 나눴다. 그녀는 직원 참여를 지나치게 강조하는 경향이 있었다. 그녀는 새 회사에 합류한 지 8주 만에 직원들의 참여가 성과와 얼마나 높은 연관성이 있는지에 대해 주목할 만한 분석 결과를 내놨다. 회사의 히트매핑 조사 결과도 자세히 들여다봤다. 직원들의 행복도와 참여도가 얼마나 되는지를 측정하고, 그 결과와 팀의 성과를 비교한 조사다. 그녀가 내게 전한 좋은 소식은 대부분의 팀이 매우 참여율이 높고 행복하다는 걸 의미하는 '초록색'이었다는 점이다. 그러나 나쁜 소식은 보통 수준 이하의 성과를 내는 팀이 높은 성과를 내는 팀과 마찬가지로 초록색이었다는 점이다. 이는 직원 참여와 성과 사이에 아무런 고리가 없다는 것을 보여준다.

행복 지표에 비즈니스 지표를 결합하면 회사는 고성과 팀과 저성과 팀 안에서 무엇이 일어나고 있는지를 훨씬 효과적으로 구분해낼 수 있다. 내 경험상 고성과자는 모든 일이 순조롭게 진행된다고 인생에 만족하기보다는 자신의 팀이 얼마나 성과를 내는지에 만족감 또는 좌절감을 나타낸다. 그들은 훌륭한 결과를 위해 밀어붙인다. 이런 일은 어느 정도의 고통과 불만족을 요구한다. 그럼에도 이처럼 헌신하는 것은 열심히 일하는 한 회사가 보상을 해주리라고 기대하기 때문이 아니다. 일에서 얻는 만족감이 더 중요하기 때문이다.

우리는 직업 안정성에 대한 거짓 약속을 해선 안 된다. 내가 컨설팅한 CEO는 이렇게 물었다.

"우리 콜센터 직원들에 대해 어떻게 해야 할까요? 회사의 나머지 부서는 새 빌딩으로 이사했지만 콜센터 직원들을 데리고 오는 것을 나머지 직원들이 원하지 않습니다. 이제 그 업무를 외부 업체에 맡기는 것이 최선이 아닐까 생각합니다."

나는 그에게 물었다. "왜 그들에게 거짓말을 했나요?"

그가 말했다. "무슨 소리입니까? 나는 절대 거짓말하지 않습니다. 절대요!"

나는 다시 물었다. "모든 직원에게 회사 안에 미래가 있으며 그들이 기여하고자 하는 한 커리어가 계속될 거라고 말하지 않았습니까?"

그는 "맞아요, 하지만 몇 년 전에 한 말입니다"라고 말했다.

나는 말했다. "당신 회사의 채용 담당자들이 당신의 말을 인용해 여전히 매일 그렇게 말하고 있습니다."

거짓 약속은 직원들에게 배신감을 느끼게 할 뿐이다.

직원들은 종종 커리어 지침을 물어보기 위해 나를 찾아온다. 나는 그들에게 이렇게 말한다.

"당신은 평생 학습자가 되고 싶어 하네요. 항상 새로운 기술을 습득하고 새로운 경험을 하고 싶어 한다는 의미에서요. 그 일을 같은 회사에서 이룰 필요는 없습니다. 당신은 어떤 일을 하기 위해 채용됐고, 이제는 다 마쳤습니다. 차고를 짓기 위해 고용한 사람이 마당의 잔디를 깎는 데 필요하지는 않죠."

나의
알고리즘

|

나는 관리자들에게 팀원을 평가할 때 단순한 규칙을 사용하라고 말한다. 나는 이를 알고리즘이라고 부른다. 엔지니어들이 그 단어를 좋아하고 나는 엔지니어를 좋아하기 때문이다.

알고리즘에서 고려하는 세 가지 질문은 이것이다.

- 이 사람이 하고 싶어 하는 것이 뭐지?
- 이 사람이 특별히 잘하는 것은?
- 이 사람이 잘했으면 하는 것은?

이런 방식의 사고는 여타 비즈니스 활동의 논리와 같다. 이는 비판적 사고에 바탕을 두고 있으며, 결정을 할 때 감정을 배제한다. 직원들 역시 자신이 회사에 남아야 할지 더 잘 맞는 새로운 일을 찾아야 할지를 평가하기 위해 이 알고리즘을 이용할 수 있다.

알고리즘의 또 다른 장점은 채용을 해야 하는 관리자들이 후보자가 할 수 없는 것에 집착하는 게 아니라 그들의 재능과 열정이 무엇인지를 파악하는 데 도움을 준다는 데 있다. 그런 관점에서 봐야 그들이 어떤 직무에 더 적합한지를 확인할 수 있다. 전통적인 인재관리 규칙 중 하나는 해고당한 직원들에게는 관리자들이 추천서를 제공하지 않는 것이다. 그러나 직원들에게 어떤 종류의 추천서를 줄 수 있는지 좀더 개방적으로 생각하고, 추천서를 필요로 하는지를 직원들이 결정하도록 해라.

나는 곧 회사를 떠나야 할 직원을 앉혀놓고 이렇게 말한 적이 있다.

"우리는 서로 간에 당신이 팀 리더가 아니라는 사실을 알게 됐습니다. 그러나 괜찮아요, 당신은 정말로 재능 있는 엔지니어예요. 경영 기술 측면에서는 무리지만, 당신의 기술적 감각에 대해서는 얼마든지 추천해주고 싶어요. 혹시라도 추천서가 필요하거든 언제든지 절 찾아오세요."

넷플릭스에 잘 맞지 않았던 프로그래머에게 애플의 일자리를 연결해준 것처럼, 나는 회사를 떠나는 사람들을 다른 회사에 적극적으로 추천했다. 많은 사람이 다른 곳에 가서 훌륭한 커리어를 이어갔다. 누군가를 해고하는 것이 그들을 죽이는 일은 아니다. 한 회사의 실패자가 다른 회사에는 보물이 될 수도 있다. 내가 별로라고 생각했던 사람들도 자신에게 딱 맞는 곳을 찾아 성공적으로 커리어를 이어가는 것을 여러 번 봤다.

정말로 잘 맞는 새 일자리를 찾은 사례로 내가 좋아했던 한 디자이너가 있다. 그녀는 넷플릭스 초창기 시절부터 함께하면서 너무나 많은 변화를 겪었다. 그녀는 악마처럼 일했고 매우 재능 있는 사람이었다. 그러나 제품이 점점 변화하면서 그녀의 기술이 더는 잘 들어맞지 않게 됐다. 그녀를 내보내는 건 내게도 정말 힘든 일이었다. 나는 그녀에게 이렇게 말했다.

"어딜 가든 나를 잊지 말아요. 당신의 커리어에서 내가 도울 일이 있다면 무엇이든 최선을 다할게요. 내 말 무슨 얘긴지 알죠?"

그녀는 곧바로 실리콘밸리에 있는 최고 회사 가운데 한 곳에서 새 일을 이어갔다.

한참 후 어느 날, 마이크로소프트의 인재관리 부문장을 만날 일이 생겨 그 회사 로비에서 기다리고 있었다. 그런데 그 디자이너가 어디선가 걸어오고 있었다. 눈이 마주친 우리는 너무나 반가워서 부둥켜안았다. 여기 웬일이냐고 물었더니 또 다른 일자리를 위해 인터뷰를 마치고 돌아가는 길이라고 했다. 잠시 후 나의 약속 상대가 로비로 내려왔고, 우리는 다시 한번 포옹하고 헤어졌다. 너무나 반가운 만남이었다.

마이크로소프트의 인재관리 부문장과 이야기를 나누는데 그녀가 문득 물었다.

"당신은 적극적으로 사람들을 내보내는 실천사항을 가지고 있는 것으로 알고 있습니다. 그런데도 그들과 친하게 지내신다더군요. 어떻게 그렇게 하나요? 당신이 해고했는데도 여전히 좋은 관계를 유지하고 있는 사람이 있으면 얘기해줘요."

내가 "방금 당신이 본 여자가 내가 해고한 사람입니다"라고 하자, 그녀는 "둘이서 엄청 다정하게 포옹했잖아요!"라며 놀랐다. 나는 그녀에게 말했다. "맞아요, 나는 그녀를 그때도 좋아했고 지금도 그래요!"

문화를
소유하고 누려라

|

직원들을 내보내는 훈련은 이론의 여지 없이 가장 어려운 일로 꼽힌다. 그렇지만 관리자들이 익숙해져야 하는 넷플릭스 문화

의 한 구성요소이고, 대부분이 적응했다.

넷플릭스에서 함께 일했던 존 치안커티는 자신이 이런 변화를 어떻게 경험했는지 쉽게 설명해줬다.

"직원들에게 심각한 진실을 말하지 않기 위해 사교적으로 일하는 방식은 넷플릭스의 방식이 아닙니다. 물론 우리의 인간적 본능과는 어긋나죠. 나는 넷플릭스에서 한 직원을 채용한 이후 이 방식을 처음 적용했습니다. 그는 서류상으로 매우 훌륭했고 인터뷰에서도 탁월했습니다. 그러나 넷플릭스 환경에서는 전혀 능력을 발휘할 수 없었습니다. 그는 활달한 사람이 아니었고 팀에 잘 융합하지 못했습니다. 결국 그에게 심각한 진실, 즉 해고를 통지해야 했어요. 하지만 나는 그를 떠나보내면서 오히려 뿌듯함을 느꼈습니다. 그가 더 늦지 않게 자신에게 딱 맞는 문화를 찾아갈 수 있었으니까요."

넷플릭스에서 부사장을 지낸 제시카 닐은 스타트업 스코플리Scopely에서 일하고 있다. 그곳 CEO는 매우 혁신적이고 자율과 책임의 문화를 구축하길 원한다. 제시카는 관리자들이 적극적으로 팀을 강화하도록 돕고 있다. 몇몇 팀은 잘하고 있지만 훌륭하진 않았다. 그녀는 먼저 팀 리더들이 변화해야 한다고 말했다.

"그들이 내게 와서 이렇게 말해요. '어머나 세상에, 우리 팀

미팅이 나아졌어요. 우리는 더 빨리 움직이고 있어요. 전에는 이것이 이렇게 중요한 일인지 몰랐어요'라고요."

넷플릭스에서 가장 좋았던 기억 중 하나는 내가 회사를 떠나기 직전의 일이다. 한동안 만나지 못했던 케빈 매켄티Kevin McEntee 부사장이 찾아왔다. 무슨 일이 있느냐고 묻자 그는 회사에서 오랫동안 일해온 팀 리더 중 한 명을 떠나보내려고 한다면서 그 일을 단계적으로 추진하고 있다고 했다. 그가 말했다.

"나는 그녀와 몇 달 전부터 이 문제를 논의해왔기 때문에 그녀는 이제 때가 됐다는 것을 알고 있어요. 이번 금요일이 마지막 날이 될 거예요. 나는 그녀에게 오전 10시에 말할 거예요. 떠나기 전에 당신한테 들르라고 할게요. 그녀의 팀원들에게는 이 소식을 제가 직접 전할 예정입니다. 다른 팀들에겐 이메일로 알리고요. 오늘 밤 나머지 경영진에게 말할 거예요. 그들이 놀라지 않도록 말이에요. 직원들에게는 그녀가 얼마나 훌륭했으며 어떤 업적을 이뤘는지를 얘기하고, 그녀가 회사를 떠난다는 사실을 알릴 겁니다."

그가 말을 마쳤을 때 나는 "놀랍군요! 하지만 내가 도울 게 없는 것 같은데요?"라고 말했다. 그는 웃으며 말했다. "맞아요, 나도 내가 여기 왜 왔는지 모르겠군요." 나는 "아니, 잘 왔어요. 이 모든 것을 혼자서 했다는 게 정말 자랑스러워요"라고 말했다.

그다음 주에 다른 관리자가 내게 와서 말했다. "내 팀에 문제가 있는 직원이 있어요."

나는 그에게 매켄티를 찾아가 보라고 말했다. 그가 무슨 얘기냐는 듯 다시 말했다. "하지만 나는 당신의 조언을 듣고 싶어요."

나는 그에게 말했다. "매켄티를 만나 얘기해보면, 우리 문화에서 직원을 내보내는 일이 실제로 어떻게 일어나고 있는지를 좀더 배울 수 있을 거예요."

관리자들이 실천사항을 제대로 이해하면 그 안에 신념이 스며드는 일이 좀더 쉬워진다. 당신이 훌륭한 팀을 더 많이 구축할수록 당신은 실천사항을 조직적으로 퍼트릴 수 있다.

나 자신을
살아라

|

내가 다른 사람의 긍정적인 결과만 봤기 때문에 이렇게 주장하는 게 아니다. 나 역시 이제는 직장을 옮길 때가 됐다는 것을 인식하는 과정에서 이를 절감했다. 회사를 나오는 것은 내게도 매우 어려운 일이었다. 리드와 나는 내가 넷플릭스를 떠나야 할 때라는 사실을 받아들이게 됐다. 열심히 일한 사람들이 다

들 그러듯이, 이별을 생각하니 고통스러웠다. 미래에 펼쳐질 흥분되는 일들에 내가 참여할 수 없다는 것이 가장 힘든 부분이었다. 테이블의 반대편에서 이런 일을 수없이 경험했지만, 이젠 내가 당사자였다.

넷플릭스에서 보낸 14년은 두말할 것도 없이 좋았다. 나는 우리가 이룬 모든 것에 감사하고, 우리 모두가 자랑스럽다. 특히 우리가 문화를 구축한 방법에 대해서 그렇다. 동시에, 창의적이고 탁월한 스타트업 창업자들과 다른 회사들에 내가 배운 통찰력을 나눌 기회를 사랑한다. 새로운 도전을 위해 회사를 떠난 수많은 넷플릭서들처럼 나 역시 역동적인 회사들과 함께하기 위해 힘차게 길을 나설 것이다.

리드와 나는 매우 멋진 작별 인사를 했다. 우리는 그간 함께 힘차게 달려왔으며 앞으로도 영원히 좋은 친구로 지낼 것이다. 나는 여전히 넷플릭스를 언급할 때 '우리'라고 말한다. 앞으로도 계속 그럴 것이다. 이 책에 담은 조언은 넷플릭스에서의 경험과 실험의 직접적인 산물이다. 앞으로 어디에 있든 넷플릭스와 직원들의 성공을 지켜볼 것이다. 지금만 해도 넷플릭스가 많은 상을 거머쥐며 엔터테인먼트 산업의 주축으로 자리 잡는 것을 보니 이보다 더 기쁠 수 없다. 넷플릭스가 앞으로 나아가는 것을 멈추지 않는 것처럼 나 역시 멈추지 않을 것이다.

열심히 일하고 숙련된 개인들이 보람을 느끼는 일자리를 잃는 것은 비극이다. 기업 환경과 정치권이 보다 효과적인 보상 방법을 찾아야 한다. 오늘날 치열한 경쟁과 역동적인 비즈니스 환경에 맞서 싸우는 최고의 방법은 개인들이 기술을 개발하고 미래 성공에 필요한 경험을 얻도록 하는 것이다. 우리 모두 앞으로의 길을 적극적으로 준비해야 한다.

많은 관리자가 직원들에게 최선을 다하지 않는다. 어려운 진실을 사탕발림으로 얼버무리려 하고, 직원들을 떠나보내는 순간을 결정하지 못하고, 직원들이 정말로 원하지 않거나 회사가 필요로 하지 않는 직무에 그들을 밀어 넣는다. 이런 일들 때문에 해당 직원과 팀 전체가 힘을 빼앗기고 기가 꺾이며 서서히 시들어 간다. 직원들은 자신의 가능성에 대한 진실을 실시간으로 알 권리가 있다. 그들을 솔직하게 대하고 새로운 기회를 찾도록 지원하는 것이 그들과 당신의 팀을 번성하게 하는 최고의 방법이다.

▲ ▲ ▲

진실에 더 가까이 가기 위해서는 행동과 용기가 필요하다. 또한 당신 개인이 가진 힘을 찾아야 한다. 이 일은 결코 끝나지 않을 것이며, 지금이 행동에 나설 때다!

이 장의 핵심

▶ 직원들은 자신의 재능과 열정이 회사가 향해 가는 미래에 잘 들어
  맞는지 아닌지를 알 필요가 있다. 그래야 자신들이 다른 회사에
  더 잘 맞는 건 아닌지를 생각해볼 수 있다.

▶ 직원들은 자신이 업무를 얼마나 잘 해내는지에 대해 수시로 피드
  백을 받아야 한다. 연례 인사고과 프로세스를 폐지하는 것이 당신
  의 권한 밖 일이라면 당사자와 성과를 논의하는 미팅을 훨씬 자주
  가져라.

▶ 연례 인사고과 프로세스를 없앨 수 있다면 반드시 그렇게 해라. 이
  프로세스는 엄청난 시간 낭비이며, 성과에 대해 실시간으로 정보
  를 제공하는 일을 방해할 수 있다.

▶ 성과 향상 프로그램을 진짜 직원들의 성과 향상을 돕도록 만들든
  지 아니면 없애버려라.

▶ 회사에서 나간 직원들로부터 소송을 당할 가능성은 매우 희박하
  다. 당신이 직원들의 성과와 관련해 인지한 문제를 그들과 책임
  있게, 자주 공유했다면 더더욱 그렇다.

▶ 직원 참여에 집중하는 것은 번지수를 잘못 짚은 것이다. 높은 참여
와 높은 성과 사이에 반드시 상관관계가 있는 것은 아니다. 현재
직무에서의 높은 성과와 미래 직무에서의 높은 성과 사이에도 마
찬가지다.

▶ 채용을 할 때는 나의 알고리즘을 이용해라. 이 사람이 하고 싶어
하는 것은 무엇인가? 특별히 잘하는 것은 무엇인가? 잘했으면 하
는 것은 무엇인가?

▶ 모든 관리자는 기존 팀원들이 새로운 기회를 찾도록 적극적으로
도와야 한다. 좋은 헤어짐은 얼마든지 가능하다.

▶ 인사고과와 팀 구축에 좀더 유연하게 접근하는 관리자들은 이런
접근법이 모든 관계자와 전반적인 팀 성과에 더 좋다는 것을 분명
히 알게 된다.

리더에게 필요한 질문

- 열 번의 경기마다 선수들의 성과에 대해 개별 피드백을 주는 하키팀 코치의 예를 참고할 때, 당신은 그에 상응하는 어떤 일을 하고 있는가?

- 정해진 시간에 따르기보다 팀의 목표를 달성하기 위해 설정한 시간에 맞춰 피드백을 주는 것이 이치에 맞지 않을까? 예를 들면 프로젝트 완료 단계에 따라 토론 시간을 정할 수 있다.

- 다른 팀 사람에게 당신 팀원의 성과에 대해 피드백을 해달라고 요청할 수 있는가?

- 팀원 모두가 열성적으로 일하고 있는가? 그리고 그 일이 당신에게 필요한 일인가? 아니라면, 회사 내 다른 업무 기회나 회사 바깥에서 찾을 기회에 대해 그 직원과 얘기해봤는가?

- 다른 회사의 관리자들에게 기존 팀원들을 추천할 수 있는 네트워크를 구축하고 있는가?

- 사업 환경의 변화를 얼마나 잘 파악하고 있는가? 내보내는 직원들에게 좋은 기회를 제공할 가능성이 있는 인맥을 얼마나 보유하고 있는가?

／

에필로그

변화를 실행하고,
문화를 만들라

／

독특하고, 명쾌하게 표현된 넷플릭스의 문화는 직원을 채용해야 하는 부서의 관리자와 내가 이끄는 인재관리팀이 극심한 경쟁 속에서도 계속해서 훌륭한 사람들을 뽑는 데 도움이 됐다. 이와 관련해서 제시카 닐 전 인재관리 담당 부사장(현 넷플릭스 최고인재책임자 - 옮긴이)과 얘기했을 때, 그녀는 기업문화가 무엇인지에 대해서 멋진 말을 했다.

"문화는 우리가 일하는 방식에 대한 전략입니다. 만약 직원들이 문화가 전략이고 중요한 거라고 믿는다면 당신이 이것을 깊이 생각하고 여러 가지를 시도하도록 도울 거예요."

그녀는 넷플릭스의 문화를 자신이 합류한 스타트업에 맞춰 조정하고 있었다. 그녀는 그 과정에 대해 아주 멋진 통찰을 드러냈다.

"모든 것을 한꺼번에 할 수는 없어요. 우선 어디에서 시작할지를 선택해야 합니다. 사업의 다른 부문에서 하듯이 우선순위를 정해야 해요."

이 말은 인재관리도 제품관리를 하는 방식으로 접근해야 한다는 내 생각과 딱 들어맞는다. 우리는 넷플릭스에서 한 번에 한 단계씩 나아갔다. 다양한 실험을 했고 실수도 저질렀다. 다시 생각했고, 다시 시도했다. 넷플릭스에 있던 14년 동안 문화를 발전시키기 위해 적극적으로 일했다. 앞으로도 리드와 그의 팀이 계속해나가리라 확신한다.

컨설팅을 하면서 가장 흐뭇한 것은 스물네 명의 직원으로 이뤄진 스타트업부터 비영리법인, 가장 오래되고 명망 있는 광고대행사에 이르기까지 정말 많은 조직의 리더들이 새로운 업무수행 방식을 얼마나 갈망하는지 알게 됐다는 점이다. 나는 최근 광고대행사 제이월터톰슨의 임원들을 대상으로 강연했다. 1864년에 설립돼 150년이 넘는 역사를 보유한 이 기업은 급진적인 코카콜라 광고로 최근 상을 받았다. 한 10대 소녀가 부엌 창밖을 바라보며 젊고 섹시한 수영장 관리자에게 넋을 잃고 있다. 동시에 그녀의 게이 오빠도 2층에 있는 그의 침실에서 똑같은 모습을 하고 있다. 그들은 둘 다 수영장 관리자에게 코카콜라 한 병을 갖다 주려고 부리나케 달려가지만, 결국 '쿠거(젊은 남자와의 연애를 원하는 중년 여성을 일컫는 말—옮긴이)'로 보이는 그들의 어머니가 선수를 친다. 나는 이 광고를 그 회사의 산만하고 상대적으로 작은 부서인 아르헨티나 그룹이 만들었다는 것을 알게 됐다. 그 그룹은 군살을 뺀 조직이었고, 한계를 초월하는 데 자유로웠다. CEO인 타마라 잉그램은 나를 초대해 회사가 지금처럼 창의적 위험을 계속 지고 가야 한다는 것에 확신을 갖고 싶어 했다. 강연이 끝나자 그녀는 이렇게 말했다.

"당신이 성취한 것에 대한 이야기는 우리가 어떻게 하면 여러 가지를 다르게 할 수 있을지 보게 해주는군요."

과정은 진화한다. 그리고 자연에서의 진화와 마찬가지로 어떤 변화는 적응할 수 없는 것이고, 우리는 다시 시도해야 할 것이다. 어떤 사람들은 변화를 불편하게 여길 것이다. 변화를 거부하는 사람도 있을 것이고 어떤 이들은 떠날 결심을 할 수도 있다. 넷플릭스에서 매우 잘 작동하던 실천사항 일부는 당신에겐 통하지 않을 수도 있다. 적어도 당장은 말이다. 나는 창업자와 CEO들이 자신들에게 가장 잘 맞는 방법으로 변화를 실행하고, 자신들만의 버전으로 '자유와 책임이 있는 문화'를 만들어낼 수 있도록 끊임없이 돕고 있다.

점진적으로 실험하고 주제를 변화시켜야 한다. 팀마다 자신만의 방식으로 실천사항을 조정할 수도 있다. 팀들, 그리고 전체 부서는 근본적인 원칙을 공유하면서도 자신들만의 문화를 가질 수 있다. 제시카가 말한 것 중에서 내가 좋아하는 또 한 가지는 넷플릭스 문화가 '회사 전체에 살아 있다' 라는 표현이다. 엔지니어 문화는 마케터 문화나 콘텐츠 창작자들의 문화와 달랐지만, 궁극적으로는 모두 기본 원칙을 존중했다.

마지막으로 조언하고 싶은 것은 인재관리 인력을 든든한 파트너로 만들라는 것이다. 그들에게 사업 성공을 위해 진정한 파트너가 되길 바란다는 사실을 강조해야 한다. 당신의 인재관리 인력이 먼저 비즈니스맨이 되면 그들이 직원회의에 참석하거나 채용 인터뷰를 하는 방법, 직원들에게 피드백을 주는 방법 등에 대해 각 팀 관리자들을 지도해도 이상해 보이지 않는다. 인재관리 부서가 자신들의 잘못된 행동을 포착하기 위해 존재한다고 생각하는 대신, 그들의 조언에 마음을 열게 될 것이다.

인재관리 부서가 회사의 사업이 어떻게 운영되는지를 진짜로 알고 있는지 확인해라. 그들은 매출을 창출하는 3대 요소가 무엇인지 알고 있는가? 그들은 회사의 4대 경쟁자가 누구인지 알고 있는가? 그들은 회사의 사업 분야에서 시장을 파괴하는 기술에 대해서 알고 있는가? 그들에게 알려줘라. 그들이 알고 싶어 하지 않는다면 다른 사람들로 교체해라.

우리는 산을, 아주 큰 산을 오르려 하고 있다. 후지산이나 K2 규모의 산에 오르려면 산소통을 챙겨야 할 것이다. 겁이 나는 일이다. 하지만 올라가다 폭풍을 만나면 베이스캠프로 돌아갈 수 있다. 그렇게 한다 해서 누구도 당신이 실패했다고 말하지 않을 것이다.

자신만의 '자유와 책임의 문화'를 구축하는 과정에서 내가 약속할 수 있는 한 가지는 당신이 전진하는 사람들로부터 용기를 얻을 것이라는 점이다. 그들은 직장생활에서 더 많은 권한과 힘을 가진다고 느낄 때 더 큰 자신감을 느낀다. 목소리를 더 낼 수 있고, 위험을 더 부담하고, 실수를 했을 때도 스스로를 다시 일으켜 세우고, 더욱더 많은 책임을 지려고 할 것이며 자신감을 가질 것이다. 그들은 당신을 놀라게 할 것이다. 그냥 상상해보라. 권한을 가졌다는 사실을 아는 직원들로 채워진 조직을 말이다. 그들이 더 나은 판단을, 얼마나 더 빨리 내릴지 생각해보라. 당신이 요청하지도 않은 아이디어로 당신을 얼마나 놀라게 할지 떠올려보라. 훨씬 더 솔직하고 투명한 문화 안에서 그들과 당신이 어떤 모습으로 일할지 상상해보라.

'직원들이 권한을 가지고 있다'는 사실을 잊지 마라. 당신이 그들에게 권한을 주는 것이 아니다. 그들의 권한을 인정하고 완고한 정책, 승인, 절차에서 풀어줘라. 장담하건대, 그들은 놀랄 만큼 강력해질 것이다.

감사의 글

전통적인 도서 출판에 혁신적인 대안을 제시하는 '실리콘 길드 Silicon Guild'가 없다면 이 책이 세상에 나오지 못했을 것입니다. 피터 심스는 내가 '하고 싶은 말'을 갖고 있다는 것을 깨우쳐줬을 뿐 아니라 첫 번째 장을 풀어가는 데 중요한 역할을 했습니다. 나에게 용기를 북돋아 줬고, 에밀리 루스를 소개해주었죠.

에밀리는 내게 에디터 이상의 파트너였습니다. 우리는 함께 나의 말과 이야기를 다듬었어요. 문자 그대로, '나는 당신 없이는 책을 내지 못했을 겁니다.'

발행인 표트르 유스케비치. 당신의 한결같고 끊임없는 격려와 잔소리, 솔직함과 우정이 이 책을 완성했습니다.

기가 막히게 교열을 잘 봐준 힐러리 로버츠와 내 삶을 정리할 수 있도록 도와준 로레인 페레즈에게도 감사합니다.

여러 사람이 책의 초고를 검토하는 데 시간을 내줬습니다. 귀중한 통찰력과 아이디어를 준 톰 라스에게 특히 큰 감사를 보냅니다. 데이비드 마틴, 테드 스완, 래리 들루고쉬, 오리 브라프먼, 로라 밀런, 리안 멜로리, 마리아 데 구즈먼, 찰스 다임러, 가브리엘 똘레다노, 나단 포크트, 에릭 케투넨, 케이스 아르세노, 프랭크 프리치, 에일린 가르시아, 제시카 크라코스키, 매슈 로즈바우, 바버라 헨릭스, 왕웨이 양, 데니스 되르플에게 감사합니다.

리드 헤이스팅스와 십수 년을 이어온 협력관계를 통해 나는 모든 것에 질문하는 것과 혁신가처럼 생각하는 자세를 배웠습니다. 넷플릭스는 최고의 실험실이었습니다. 기업문화와 협력에 끊임없이 관심을 집중하고, 자신들의 이야기 일부를 공유할 수 있도록 해준 데 대해 과거와 현재의 넷플릭스 직원 모두에게 특별히 감사드립니다.

나의 어머니와 내 여동생은 파워풀한 여성의 변함없는 모델입니다. 나의 아이들 트리스탄, 프래니, 그리고 로즈는 자신들이 일하는 미래에 영향을 미치도록 나에게 영감을 줬습니다.

마지막으로 마이클 체임블린, 나를 믿어줘서 고마워요.

옮긴이의 글

《파워풀》이 출간된 후 지난 몇 년간 다양한 업종의 기업 경영진을 만나, 넷플릭스의 '자유와 책임의 문화'에 대한 그들의 생각을 들었습니다. 이 책을 매개로 기업환경이 놀라운 속도로 변화하는 오늘날, 성과를 내는 기업문화를 어떻게 만들어가야 할지에 대해 고민을 나눌 수 있었습니다.

특히 모빌리티와 금융 등 급격한 디지털 변환을 겪고 있는 산업에 속한 기업 CEO들이 넷플릭스의 기업문화에 공감하는 바가 컸습니다. 그들은 회사가 직면한 도전에 대해 끊임없이 얘기하고, 극도로 솔직한 피드백을 주고받으며 격렬하게 토론하고, 변화에 선제적으로 대응할 수 있도록 훈련해야 한다는 점에 주목했습니다.

한 증권사 임원은 "증권업의 패러다임이 서비스업으로 바뀌고 있다"며 "파워풀을 읽고 크게 깨달은 바가 있다. (변화를 위해서는) CEO의 비전을 주입하기보다 회사가 직면한 도전 과제와 목표를 알려주면 된다는 것을 깨달았다"고 말했습니다. 한 차량공유 기업 CEO도 "결국 파워풀에서 말하는 것처럼 새로운 도전 없이는 직원들이 재밌게 일하거나 배울 수 없을 것"이라고 강조했습니다.

창의적인 인재를 채용해 변화에 빠르게 대응하고, 서로 협력해 문제를 해결할 때 비로소 진정한 의미의 성과가 나온다는 데 공감했습니다. 여기서 말하는 '협력'은 위에서 내려온 지시에 따라 아랫사람들이 일사불란하게 움직이는 과거의 협력과는 다릅니다.

기존에 해왔던 방식대로 움직여선 빅데이터·인공지능 등 디지털 혁신 기술을 활용하는 '플랫폼 경제'에서 승기를 잡기 힘듭니다. 구성원 한 명 한 명의 잠재력을 최대로 끌어내야 살아남을 수 있을 테니까요.

각자 권한을 갖고 일함으로써 아이디어를 실행에 옮기는 속도를 높일 때 협력이 이뤄집니다. 수평적 소통을 강조하고, 담당자의 자기 결정권을 보장하고, 동료의 피드백을 겸손하게 받아들이고, 후배를 키우는 리더십을 개발하고, 정보를 투명하게 공개하는 등 한국 기업에서도 더 나은 '팀플레이'를 위

한 장치들이 빠르게 자리 잡고 있습니다. '한국의 넷플릭스'
를 만드는, 또 다른 기업문화의 혁신을 기대할 수 있는 이유입
니다.

NETFLIX

넷플릭스 성장의 비결

파워풀

제1판 1쇄 발행 | 2020년 10월 6일
제1판 5쇄 발행 | 2024년 11월 29일

지은이 | 패티 맥코드
옮긴이 | 허란 · 추가영
펴낸이 | 김수언
펴낸곳 | 한국경제신문 한경BP

주소 | 서울특별시 중구 청파로 463
기획출판팀 | 02-3604-590, 584
영업마케팅팀 | 02-3604-595, 562 FAX | 02-3604-599
H | http://bp.hankyung.com   E | bp@hankyung.com
F | www.facebook.com/hankyungbp
등록 | 제 2-315(1967. 5. 15)

ISBN 978-89-475-4648-5 03320